Regrets

DE

JOACHIM DU BELLAY

ANGEVIN

[*Tableau satirique de Rome au XVIᵉ siècle*]

Collationné sur la première édition

(Paris, 1558)

SCIENTIA DUCE

PARIS

Isidore LISEUX, 5, Rue Scribe

1876

Les Regrets

C. MOTTEROZ

Les Regrets

DE

JOACHIM DU BELLAY

ANGEVIN

Collationné sur la première Édition
(Paris, 1558)

SCIENTIA DUCE

PARIS

Isidore *LISEUX*, 5, *Rue Scribe*

1876

L'accueil très-bienveillant qui a été fait à notre édition Elzevirienne des *Jeux Rustiques* de Du Bellay, nous a engagé à donner aussi cette réimpression des *Regrets*. Le chantre « du petit Lyré » est de plus en plus en faveur, et l'on peut répéter, sans crainte d'être démenti, ce que son contemporain La Croix du Maine disait de ses œuvres il y a trois siècles : « elles vivront autant que dureront les langues èsquelles il a escrit ».

Un critique plein de goût et d'érudition, M. Becq de Fouquières, vient justement d'en publier une édition populaire, sous le titre d'*Œuvres choisies*. Les notices, les commentaires se succèdent avec rapidité. Aussi notre tâche est-elle singulièrement simplifiée : à peine avons-nous besoin, pour expliquer le titre de ce Recueil, les *Regrets*, de rappeler l'exil volontaire que le jeune poëte s'était imposé en suivant à Rome son parent le Cardinal, exil dont il cherche à se consoler par les malices et les expansions de ce journal poétique. Il nous suffira donc de continuer ici ce que nous avons commencé avec le premier recueil : la réimpression fidèle de textes originaux devenus introuvables, et que ne sauraient remplacer à aucun titre les éditions posthumes, plus incorrectes les unes que les autres, auxquelles sont réduits les bibliophiles.

La présente édition est plus complète qu'aucune de ses devancières, sans en excepter l'édition originale (*Paris, Fédéric Morel, 1558, in-4°*). Toutes, en effet, ne contiennent que *cent quatre-vingt-trois* sonnets : la nôtre en a *cent quatre-vingt-onze*. Les huit sonnets supplémentaires (CV à CXII) sont tirés de l'exemplaire peut-être unique de l'ancienne Bibliothèque du Roi, à présent Bibliothèque Nationale (Y, 4593), lequel a échappé aux recherches du savant éditeur, M. Marty-Laveaux, car ces huit sonnets manquent à sa collection des *Œuvres complètes* de Du Bellay (*Paris, Lemerre*, 1866). On n'a qu'à y jeter les yeux pour comprendre ce qui les avait fait exclure même de la première édition, et pourquoi il en avait été imprimé un carton exclusivement destiné à l'exemplaire Royal : les plaisanteries plus ou moins légitimes sur le Jupiter du Vatican et ses cinquante Ganymèdes (sonnet CVI) pouvaient se chuchoter à l'oreille de son Trèscher Fils Henry II, mais quel scandale si elles eussent couru dans le vulgaire ! Aujourd'hui, fort heureusement, tout cela n'est plus que de la satire, ou de l'histoire (comme on voudra), et nous pouvons sans peur offrir aux curieux le régal de ces médisances réservées : un véritable *morceau de roi*.

J. L.

AD LECTOREM

Quem, Lector, tibi nunc damus libellum,
Hic fellisque simul, simulque mellis,
Permixtumque salis refert saporem.
Si gratum quid erit tuo palato,
Huc conviva veni, tibi hæc parata est
Cœna : sin minus, hinc facesse, quæso :
Ad hanc te volui haud vocare cœnam.

A MONSIEUR D'AVANSON

CONSEILLER DU ROY

EN SON PRIVÉ CONSEIL

Si je n'ay plus la faveur de la Muse,
Et si mes vers se trouvent imparfaits,
Le lieu, le temps, l'aage où je les ay faits,
Et mes ennuis leur serviront d'excuse.

J'estois à Rome au milieu de la guerre,
Sortant desjà de l'aage plus dispos,
A mes travaulx cherchant quelque repos,
Non pour louange ou pour faveur acquerre.

Ainsi voit-on celuy qui sur la plaine
Picque le bœuf, ou travaille au rampart,
Se resjouir, et d'un vers fait sans art
S'esvertuer au travail de sa peine.

Celuy aussi, qui dessus la galère
Fait escumer les flots à l'environ,
Ses tristes chants accorde à l'aviron,
Pour esprouver la rame plus légère.

On dit qu'Achille, en remaschant son ire,
De tels plaisirs souloit s'entretenir,
Pour addoulcir le triste souvenir
De sa maistresse, aux fredons de sa lyre.

Ainsi flattoit le regret de la sienne
Perdue, hélas, pour la seconde fois,
Cil qui jadis aux rochers et aux bois
Faisoit ouïr sa harpe Thracienne.

La Muse ainsi me fait sur ce rivage,
Où je languis banny de ma maison,
Passer l'ennuy de la triste saison,
Seule compagne à mon si long voyage.

La Muse seule au milieu des alarmes
Est asseurée, et ne pallist de peur :
La Muse seule au milieu du labeur
Flatte la peine, et desseiche les larmes.

D'elle je tiens le repos et la vie,
D'elle j'apprens à n'estre ambitieux,
D'elle je tiens les saincts présens des Dieux,
Et le mespris de fortune et d'envie.

Aussi sçait-elle, aiant dès mon enfance
Tousjours guidé le cours de mon plaisir,
Que le devoir, non l'avare désir,
Si longuement me tient loing de la France.

Je voudrois bien (car pour suivre la Muse
J'ay sur mon doz chargé la pauvreté)
Ne m'estre au trac des neuf Sœurs arresté,
Pour aller veoir la source de Méduse.

Mais que feray-je à fin d'eschapper d'elles?
Leur chant flatteur a trompé mes esprits,
Et les appaz aux quels elles m'ont pris,
D'un doulx lien ont englué mes ailes.

Non autrement que d'une doulce force
D'Ulysse estoyent les compagnons liez,
Et sans penser aux travaulx oubliez
Aymoient le fruict qui leur servoit d'amorce.

Celuy qui a de l'amoureux breuvage
Gousté, mal sain, le poison doulx-amer,
Cognoit son mal, et contraint de l'aymer,
Suit le lien qui le tient en servage.

Pour ce me plaist la doulce poësie,
Et le doulx traict par qui je fus blessé :
Dès le berceau la Muse m'a laissé
Cest aiguillon dedans la fantaisie.

Je suis content qu'on appelle folie
De noʒ esprits la saincte déité,
Mais ce n'est pas sans quelque utilité,
Que telle erreur si doulcement nous lie.

Elle esblouit les yeulx de la pensée
Pour quelquefois ne veoir nostre malheur,
Et d'un doulx charme enchante la douleur
Dont nuict et jour nostre ame est offensée.

Ainsi encor' la vineuse prestresse,
Qui de ses criʒ Ide va remplissant,
Ne sent le coup du thyrse la blessant,
Et je ne sents le malheur qui me presse.

Quelqu'un dira : de quoy servent ces plainctes ?
Comme de l'arbre on voit naistre le fruict,
Ainsi les fruicts que la douleur produict,
Sont les souspirs et les larmes non feinctes.

De quelque mal un chacun se lamente,
Mais les moiens de plaindre sont divers :
J'ay, quant à moy, choisi celuy des vers
Pour desaigrir l'ennuy qui me tormente,

Et c'est pourquoy d'une doulce satyre
Entremeslant les espines aux fleurs,
Pour ne fascher le monde de mes pleurs,
J'appreste icy le plus souvent à rire.

Or si mes vers méritent qu'on les loue,
Ou qu'on les blasme, à vous seul entre tous
Je m'en rapporte icy : car c'est à vous,
A vous, Seigneur, à qui seul je les voue :

Comme celuy qui avec la sagesse
Avez conjoint le droit et l'œquité,
Et qui portez de toute antiquité
Joint à vertu le tiltre de noblesse :

Ne desdaignant, comme estoit la coustume,
Le long habit, lequel vous honnorez,
Comme celuy qui sage n'ignorez
De combien sert le conseil et la plume.

Ce fut pourquoy ce sage et vaillant Prince,
Vous honnorant du nom d'Ambassadeur,
Sur vostre doz deschargea sa grandeur,
Pour la porter en estrange province :

Récompensant d'un estat honorable
Vostre service, et tesmoignant assez
Par le loyer de voz travaulx passez,
Combien luy est tel service aggréable.

Qu'autant vous soit aggréable mon livre,
Que de bon cœur je le vous offre icy :
Du mesdisant j'auray peu de soucy,
Et seray seur à tout jamais de vivre.

A SON LIVRE

Mon livre (et je ne suis sur ton aise envieux)
Tu t'en iras sans moy voir la Court de mon Prince.
Hé chétif que je suis, combien en gré je prinsse,
Qu'un heur pareil au tien fust permis à mes yeulx !

Là si quelqu'un vers toy se monstre gracieux,
Souhaitte luy qu'il vive heureux en sa province :
Mais si quelque malin obliquement te pince,
Souhaitte luy tes pleurs, et mon mal ennuieux.

Souhaitte luy encor' qu'il face un long voyage,
Et bien qu'il ait de veue élongné son mesnage,
Que son cueur, où qu'il voise, y soit tousjours présent

Souhaitte qu'il vieillisse en longue servitude,
Qu'il n'esprouve à la fin que toute ingratitude,
Et qu'on mange son bien pendant qu'il est absent.

LES REGRETS

DE

JOACHIM DU BELLAY

ANGEVIN

I.

Je ne veulx point fouiller au sein de la nature,
Je ne veulx point chercher l'esprit de l'univers,
Je ne veulx point sonder les abysmes couvers,
Ny desseigner du ciel la belle architecture.

Je ne peins mes tableaux de si riche peinture,
Et si haults arguments ne recherche à mes vers :
Mais suivant de ce lieu les accidents divers,
Soit de bien, soit de mal, j'escris à l'adventure.

Je me plains à mes vers, si j'ay quelque regret,
Je me ris avec eulx, je leur dy mon secret,
Comme estans de mon cœur les plus seurs secrétaires.

Aussi ne veulx-je tant les pigner et friser,
Et de plus braves noms ne les veulx desguiser,
Que de papiers journaulx, ou bien de commentaires.

II.

Un plus sçavant que moy (Paschal) ira songer
Aveques l'Ascréan dessus la double cyme :
Et pour estre de ceulx dont on fait plus d'estime,
Dedans l'onde au cheval tout nud s'ira plonger.

Quant à moy, je ne veulx, pour un vers allonger,
M'accoursir le cerveau : ny pour polir ma ryme,
Me consumer l'esprit d'une songneuse lime,
Frapper dessus ma table, ou mes ongles ronger.

Aussi veulx-je (Paschal) que ce que je compose
Soit une prose en ryme, ou une ryme en prose,
Et ne veulx pour cela le laurier mériter.

Et peult estre que tel se pense bien habile,
Qui trouvant de mes vers la ryme si facile,
En vain travaillera, me voulant imiter.

III.

N'estant, comme je suis, encor' exercité
Par tant et tant de maulx au jeu de la Fortune,
Je suivois d'Apollon la trace non commune,
D'une saincte fureur sainctement agité.

Ores ne sentant plus ceste divinité,
Mais picqué du soucy qui fascheux m'importune,
Une adresse j'ay pris beaucoup plus opportune
A qui se sent forcé de la nécessité.

Et c'est pourquoy (Seigneur) ayant perdu la trace
Que suit vostre Ronsard par les champs de la Grace,
Je m'adresse où je voy le chemin plus battu :

Ne me bastant le cœur, la force, ny l'haleine,
De suyvre, comme luy, par sueur et par peine,
Ce pénible sentier qui meine à la vertu.

IIII.

Je ne veulx feuilleter les exemplaires Grecs,
Je ne veulx retracer les beaux traicts d'un Horace,
Et moins veulx-je imiter d'un Pétrarque la grace,
Ou la voix d'un Ronsard, pour chanter mes regrets.

Ceulx qui sont de Phœbus vrais poëtes sacrez,
Animeront leurs vers d'une plus grand' audace :
Moy, qui suis agité d'une fureur plus basse,
Je n'entre si avant en si profonds secretz.

Je me contenteray de simplement escrire
Ce que la passion seulement me fait dire,
Sans rechercher ailleurs plus graves arguments.

Aussi n'ay-je entrepris d'imiter en ce livre
Ceulx qui par leurs escripts se vantent de revivre,
Et se tirer tous vifz dehors des monuments.

V.

Ceulx qui sont amoureux, leurs amours chanteront,
Ceulx qui ayment l'honneur, chanteront de la gloire,
Ceulx qui sont près du Roy, publiront sa victoire,
Ceulx qui sont courtisans, leurs faveurs vanteront :

Ceulx qui ayment les arts, les sciences diront,
Ceulx qui sont vertueux, pour tels se feront croire,
Ceulx qui ayment le vin, deviseront de boire,
Ceulx qui sont de loisir, de fables escriront :

Ceulx qui sont mesdisans, se plairont à mesdire,
Ceulx qui sont moins fascheux, diront des mots pour
[rire,
Ceulx qui sont plus vaillans, vanteront leur valeur :

Ceulx qui se plaisent trop, chanteront leur louange,
Ceulx qui veulent flater, feront d'un diable un ange :
Moy, qui suis malheureux, je plaindray mon mal-
[heur.

VI.

Las, où est maintenant ce mespris de Fortune ?
Où est ce cœur vainqueur de toute adversité,
Cest honneste désir de l'immortalité,
Et ceste honneste flamme au peuple non commune ?

Où sont ces doulx plaisirs, qu'au soir sous la nuict
[brune
Les Muses me donnoient, alors qu'en liberté
Dessus le verd tapy d'un rivage escarté
Je les menois danser aux rayons de la Lune ?

Maintenant la Fortune est maistresse de moy,
Et mon cœur qui souloit estre maistre de soy,
Est serf de mille maulx et regrets qui m'ennuyent.

De la postérité je n'ay plus de soucy,
Ceste divine ardeur, je ne l'ay plus aussi,
Et les Muses de moy, comme estranges, s'enfuyent.

VII.

Ce pendant que la Court mes ouvrages lisoit,
Et que la sœur du Roy, l'unique Marguerite,
Me faisant plus d'honneur que n'estoit mon mérite,
De son bel œil divin mes vers favorisoit,

Une fureur d'esprit au ciel me conduisoit
D'une aile qui la mort et les siècles évite,
Et le docte troppeau qui sur Parnasse habite,
De son feu plus divin mon ardeur attisoit.

Ores je suis muet, comme on voit la Prophète
Ne sentant plus le Dieu, qui la tenoit sugette,
Perdre soudainement la fureur et la voix.

Et qui ne prend plaisir qu'un Prince luy commande?
L'honneur nourrit les arts, et la Muse demande
Le théâtre du peuple, et la faveur des Roys.

VIII.

Ne t'esbahis, Ronsard, la moitié de mon ame,
Si de ton Dubellay France ne lit plus rien,
Et si avecques l'air du ciel Italien
Il n'a humé l'ardeur qui l'Italie enflamme.

Le sainct rayon qui part des beaux yeux de ta dame,
Et la saincte faveur de ton Prince et du mien,
Cela (Ronsard) cela, cela mérite bien
De t'eschauffer le cœur d'une si vive flamme.

Mais moy, qui suis absent des raiz de mon Soleil,
Comment puis-je sentir eschauffement pareil
A celuy qui est près de sa flamme divine?

Les costeaux soleillez de pampre sont couvers,
Mais des Hyperborez les éternels hyvers
Ne portent que le froid, la neige, et la bruine.

IX.

France, mère des arts, des armes, et des loix,
Tu m'as nourry long temps du laict de ta mamelle :
Ores, comme un aigneau qui sa nourrice appelle,
Je remplis de ton nom les antres et les bois.

Si tu m'as pour enfant advoué quelquefois,
Que ne me respons-tu maintenant, ô cruelle?
France, France, respons à ma triste querelle :
Mais nul, sinon Écho, ne respond à ma voix.

Entre les loups cruels j'erre parmy la plaine,
Je sens venir l'hyver, de qui la froide haleine
D'une tremblante horreur fait hérisser ma peau.

Las, tes autres aigneaux n'ont faute de pasture,
Ils ne craignent le loup, le vent, ny la froidure :
Si ne suis-je pourtant le pire du troppeau.

X.

Ce n'est le fleuve Thusque au superbe rivage,
Ce n'est l'air des Latins ny le mont Palatin,
Qui ores (mon Ronsard) me fait parler Latin,
Changeant à l'estranger mon naturel langage :

C'est l'ennuy de me voir trois ans, et d'avantage,
Ainsi qu'un Prométhé, cloué sur l'Aventin,
Où l'espoir misérable et mon cruel destin,
Non le joug amoureux, me détient en servage.

Et quoy (Ronsard), et quoy, si au bord estranger
Ovide osa sa langue en barbare changer,
Afin d'estre entendu, qui me pourra reprendre

D'un change plus heureux? nul, puis que le François,
Quoy qu'au Grec et Romain égalé tu te sois,
Au rivage Latin ne se peult faire entendre.

XI.

Bien qu'aux arts d'Apollon le vulgaire n'aspire,
Bien que de tels thrésors l'avarice n'ait soing,
Bien que de tels harnois le soldat n'ait besoing,
Bien que l'ambition tels honneurs ne désire :

Bien que ce soit aux grands un argument de rire,
Bien que les plus rusez s'en tiennent le plus loing,
Et bien que Dubellay soit suffisant tesmoing,
Combien est peu prisé le mestier de la lyre :

Bien qu'un art sans profit ne plaise au courtisan,
Bien qu'on ne paye en vers l'œuvre d'un artisan,
Bien que la Muse soit de pauvreté suyvie,

Si ne veulx-je pourtant délaisser de chanter,
Puis que le seul chant peult mes ennuys enchanter,
Et qu'aux Muses je doy bien six ans de ma vie.

XII.

Veu le soing mesnager, dont travaillé je suis,
Veu l'importun soucy, qui sans fin me tormente,
Et veu tant de regrets, desquels je me lamente,
Tu t'esbahis souvent comment chanter je puis.

Je ne chante (Magny), je pleure mes ennuys :
Ou, pour le dire mieulx, en pleurant je les chante
Si bien qu'en les chantant, souvent je les enchante :
Voylà pourquoy (Magny) je chante jours et nuicts.

Ainsi chante l'ouvrier en faisant son ouvrage,
Ainsi le laboureur faisant son labourage,
Ainsi le pèlerin regrettant sa maison,

Ainsi l'advanturier en songeant à sa dame,
Ainsi le marinier en tirant à la rame,
Ainsi le prisonnier maudissant sa prison.

XIII.

Maintenant je pardonne à la doulce fureur,
Qui m'a fait consumer le meilleur de mon aage,
Sans tirer autre fruict de mon ingrat ouvrage,
Que le vain passetemps d'une si longue erreur.

Maintenant je pardonne à ce plaisant labeur,
Puis que seul il endort le soucy qui m'oultrage,
Et puis que seul il fait qu'au milieu de l'orage
Ainsi qu'auparavant je ne tremble de peur.

Si les vers ont esté l'abus de ma jeunesse,
Les vers seront aussi l'appuy de ma vieillesse,
S'ils furent ma folie, ils seront ma raison,

S'ils furent ma blesseure, ils seront mon Achille,
S'ils furent mon venim, le scorpion utile,
Qui sera de mon mal la seule guérison.

XIIII.

Si l'importunité d'un créditeur me fasche,
Les vers m'ostent l'ennuy du fascheux créditeur :
Et si je suis fasché d'un fascheux serviteur,
Dessus les vers (Boucher) soudain je me défasche.

Si quelqu'un dessus moy sa cholère délasche,
Sur les vers je vomis le venim de mon cœur :
Et si mon foible esprit est recreu du labeur,
Les vers font que plus frais je retourne à ma tasche.

Les vers chassent de moy la molle oisiveté,
Les vers me font aymer la doulce liberté,
Les vers chantent pour moy ce que dire je n'ose.

Si donq j'en recueillis tant de profits divers,
Demandes-tu (Boucher) de quoy servent les vers,
Et quel bien je reçoy de ceulx que je compose ?

XV.

Panjas, veuls-tu sçavoir quels sont mes passetemps ?
Je songe au lendemain, j'ay soing de la despense
Qui se fait chacun jour, et si fault que je pense
A rendre sans argent cent créditeurs contents :

Je vays, je viens, je cours, je ne perds point le temps,
Je courtise un banquier, je prens argent d'avance,
Quand j'ay despesché l'un, un autre recommence,
Et ne fais pas le quart de ce que je prétends.

Qui me présente un compte, une lettre, un mémoire,
Qui me dit que demain est jour de consistoire,
Qui me rompt le cerveau de cent propos divers :

Qui se plainct, qui se deult, qui murmure, qui crie :
Aveques tout cela, dy (Panjas) je te prie,
Ne t'esbahis-tu point comment je fais des vers ?

XVI.

Cependant que Magny suit son grand Avanson,
Panjas son Cardinal, et moy le mien encore,
Et que l'espoir flateur, qui noz beaux ans dévore,
Appaste noz désirs d'un friand hamesson,

Tu courtises les Roys, et d'un plus heureux son
Chantant l'heur de Henry, qui son siècle décore,
Tu t'honores toy mesme, et celuy qui honore
L'honneur que tu luy fais par ta docte chanson.

Las, et nous ce pendant nous consumons nostre aage
Sur le bord incogneu d'un estrange rivage,
Où le malheur nous fait ces tristes vers chanter :

Comme on voit quelquefois, quand la mort les appelle,
Arrengez flanc à flanc parmy l'herbe nouvelle,
Bien loing sur un estang trois cygnes lamenter.

XVII.

Après avoir longtemps erré sur le rivage,
Où lon voit lamenter tant de chétifs de court,
Tu as attaint le bord, où tout le monde court,
Fuyant de pauvreté le pénible servage.

Nous autres ce pendant, le long de ceste plage,
En vain tendons les mains vers le Nautonier sourd,
Qui nous chasse bien loing : car, pour le faire court,
Nous n'avons un quatrin pour payer le naulage.

Ainsi donc tu jouis du repos bienheureux,
Et comme font là bas ces doctes amoureux,
Bien avant dans un bois te perds avec ta dame :

Tu bois le long oubly de tes travaux passez,
Sans plus penser en ceulx que tu as délaissez,
Criant dessus le port, ou tirant à la rame.

XVIII.

Si tu ne sçais (Morel) ce que je fais icy,
Je ne fais pas l'amour, ny autre tel ouvrage :
Je courtise mon maistre, et si fais d'avantage,
Ayant de sa maison le principal soucy.

Mon Dieu (ce diras-tu) quel miracle est-ce cy,
Que de veoir Dubellay se mesler du mesnage,
Et composer des vers en un autre langage !
Les loups, et les aigneaux s'accordent tout ainsi.

Voylà que c'est, Morel : la doulce poësie
M'accompagne par tout, sans qu'autre fantaisie
En si plaisant labeur me puisse rendre oisif.

Mais tu me respondras : Donne, si tu es sage,
De bonne heure congé au cheval qui est d'aage,
De peur qu'il ne s'empire, et devienne poussif.

XIX.

Ce pendant que tu dis ta Cassandre divine,
Les louanges du Roy, et l'héritier d'Hector,
Et ce Montmorancy nostre François Nestor,
Et que de sa faveur Henry t'estime digne :

Je me pourmène seul sur la rive Latine,
La France regretant, et regretant encor
Mes antiques amis, mon plus riche trésor,
Et le plaisant séjour de ma terre Angevine.

Je regrete les bois, et les champs blondissans,
Les vignes, les jardins, et les prez verdissans,
Que mon fleuve traverse : icy pour récompense

Ne voiant que l'orgueil de ces monceaux pierreux,
Où me tient attaché d'un espoir malheureux,
Ce que possède moins celuy qui plus y pense.

XX.

Heureux, de qui la mort de sa gloire est suyvie,
Et plus heureux celuy, dont l'immortalité
Ne prend commencement de la postérité,
Mais devant que la mort ait son ame ravie.

Tu jouis (mon Ronsard) mesme durant ta vie,
De l'immortel honneur que tu as mérité :
Et devant que mourir (rare félicité)
Ton heureuse vertu triomphe de l'envie.

Courage donc (Ronsard), la victoire est à toy,
Puis que de ton costé est la faveur du Roy :
Jà du laurier vainqueur tes temples se couronnent,

Et jà la tourbe espesse à l'entour de ton flanc
Resemble ces esprits, qui là bas environnent
Le grand prestre de Thrace au long sourpely blanc.

XXI.

Conte, qui ne fis onc compte de la grandeur,
Ton Dubellay n'est plus : ce n'est plus qu'une souche
Qui dessus un ruisseau d'un doz courbé se couche,
Et n'a plus rien de vif, qu'un petit de verdeur.

Si j'escry quelquefois, je n'escry point d'ardeur,
J'escry naïvement tout ce qu'au cœur me touche,
Soit de bien, soit de mal, comme il vient à la bouche,
En un stile aussi lent, que lente est ma froideur.

Vous autres ce pendant peintres de la nature,
Dont l'art n'est pas enclos dans une protraiture,
Contrefaites des vieux les ouvrages plus beaux.

Quant à moy, je n'aspire à si haulte louange,
Et ne sont mes protraits auprès de voz tableaux,
Non plus qu'est un Janet auprès d'un Michelange.

XXII.

Ores, plus que jamais, me plaist d'aymer la Muse,
Soit qu'en François j'escrive, ou langage Romain,
Puis que le jugement d'un Prince tant humain,
De si grande faveur envers les lettres use.

Donq le sacré mestier où ton esprit s'amuse,
Ne sera désormais un exercice vain,
Et le tardif labeur que nous promet ta main,
Désormais pour Francus n'aura plus nulle excuse.

Ce pendant (mon Ronsard) pour tromper mes ennuys,
Et non pour m'enrichir, je suivray, si je puis,
Les plus humbles chansons de ta Muse lassée.

Aussi chascun n'a pas mérité que d'un Roy
La libéralité luy face, comme à toy,
Ou son archet doré, ou sa lyre crossée.

XXIII.

Ne lira-lon jamais, que ce Dieu rigoureux?
Jamais ne lira-lon que ceste Idalienne?
Ne voira-lon jamais Mars sans la Cypriene?
Jamais ne voira-lon, que Ronsard amoureux?

Retistra-lon tousjours, d'un tour laborieux,
Ceste toile, argument d'une si longue peine?
Revoira-lon tousjours Oreste sur la scène?
Sera tousjours Roland par amour furieux?

Ton Francus, ce pendant, a beau haulser les voiles,
Dresser le gouvernail, espier les estoiles,
Pour aller où il deust estre ancré désormais :

Il a le vent à gré, il est en équippage,
Il est encor pourtant sur le Troien rivage,
Aussi croy-je (Ronsard) qu'il n'en partit jamais.

XXIIII.

Qu'heureux tu es (Baïf), heureux, et plus qu'heureux,
De ne suivre abusé ceste aveugle Déesse,
Qui d'un tour inconstant et nous hausse et nous baisse,
Mais cest aveugle enfant qui nous fait amoureux !

Tu n'esprouves (Baïf) d'un maistre rigoureux
Le sévère sourcy : mais la doulce rudesse
D'une belle, courtoise, et gentile maistresse,
Qui fait languir ton cœur doulcement langoureux.

Moy chétif ce pendant loing des yeux de mon Prince,
Je vieillis malheureux en estrange province,
Fuyant la pauvreté : mais las, ne fuyant pas

Les regrets, les ennuys, le travail, et la peine,
Le tardif repentir d'une espérance vaine,
Et l'importun souci, qui me suit pas à pas.

XXV.

Malheureux l'an, le mois, le jour, l'heure, et le poinct,
Et malheureuse soit la flateuse espérance,
Quand pour venir icy j'abandonnay la France :
La France, et mon Anjou dont le désir me poingt.

Vrayment d'un bon oiseau guidé je ne fus point,
Et mon cœur me donnoit assez signifiance,
Que le ciel estoit plein de mauvaise influence,
Et que Mars estoit lors à Saturne conjoint.

Cent fois le bon advis lors m'en voulut distraire,
Mais tousjours le destin me tiroit au contraire :
Et si mon désir n'eust aveuglé ma raison,

N'estoit-ce pas assez pour rompre mon voyage,
Quand sur le sueil de l'huis, d'un sinistre présage,
Je me blessay le pied sortant de ma maison ?

XXVI.

Si celuy qui s'appreste à faire un long voyage,
Doit croire cestuy là qui a jà voyagé,
Et qui des flots marins longuement oultragé,
Tout moite et dégoutant s'est sauvé du naufrage:

Tu me croiras (Ronsard) bien que tu sois plus sage,
Et quelque peu encor (ce croy-je) plus aagé,
Puis que j'ay devant toy en ceste mer nagé,
Et que desjà ma nef descouvre le rivage.

Donques je t'advertis, que ceste mer Romaine,
De dangereux escueils et de bancs toute pleine,
Cache mille périls, et qu'icy bien souvent,

Trompé du chant pippeur des monstres de Sicile,
Pour Carybde éviter tu tomberas en Scylle,
Si tu ne sçais nager d'une voile à tout vent.

XXVII.

Ce n'est l'ambition, ny le soing d'acquérir,
Qui m'a fait délaisser ma rive paternelle,
Pour voir ces monts couvers d'une neige éternelle,
Et par mille dangers ma fortune quérir.

Le vray honneur, qui n'est coustumier de périr,
Et la vraye vertu, qui seule est immortelle,
Ont comblé mes désirs d'une abondance telle,
Qu'un plus grand bien aux dieux je ne veulx requérir.

L'honneste servitude, où mon devoir me lie,
M'a fait passer les monts de France en Italie,
Et demourer trois ans sur ce bord estranger,

Où je vy languissant : ce seul devoir encore
Me peult faire changer France à l'Inde et au More,
Et le ciel à l'enfer me peult faire changer.

XXVIII.

Quand je te dis adieu, pour m'en venir icy,
Tu me dis (mon Lahaye), il m'en souvient encore :
Souvienne toy, Bellay, de ce que tu es ore,
Et comme tu t'en vas retourne t'en ainsi.

Et tel comme je vins, je m'en retourne aussi :
Hors mis un repentir qui le cœur me dévore,
Qui me ride le front, qui mon chef décolore,
Et qui me fait plus bas enfoncer le sourcy.

Ce triste repentir, qui me ronge, et me lime,
Ne vient (car j'en suis net) pour sentir quelque crime,
Mais pour m'estre trois ans à ce bord arresté :

Et pour m'estre abusé d'une ingrate espérance,
Qui pour venir icy trouver la pauvreté,
M'a fait (sot que je suis) abandonner la France.

XXIX.

Je hay plus que la mort un jeune casanier,
Qui ne sort jamais hors, sinon aux jours de feste,
Et craignant plus le jour qu'une sauvage besie,
Se fait en sa maison luy mesmes prisonnier.

Mais je ne puis aymer un vieillard voyager,
Qui court deçà delà, et jamais ne s'arreste,
Ains des pieds moins léger, que léger de la teste,
Ne séjourne jamais non plus qu'un messager.

L'un sans se travailler en seureté demeure,
L'autre qui n'a repos jusques à tant qu'il meure,
Traverse nuict et jour mille lieux dangereux :

L'un passe, riche et sot, heureusement sa vie,
L'autre plus souffreteux qu'un pauvre qui mendie,
S'acquiert en voyageant un sçavoir malheureux.

XXX.

Quiconques (mon Bailleul) fait longuement séjour
Soubs un ciel incogneu, et quiconques endure
D'aller de port en port cherchant son adventure,
Et peult vivre estranger dessoubs un autre jour :

Qui peult mettre en oubly de ses parents l'amour,
L'amour de sa maistresse, et l'amour que nature
Nous fait porter au lieu de nostre nourriture,
Et voyage tousjours sans penser au retour :

Il est fils à un rocher, ou d'une ourse cruelle,
Et digne qui jadis ait succé la mamelle
D'une tygre inhumaine : encor ne voit-on point

Que les fiers animaux en leurs forts ne retournent,
Et ceux qui parmy nous domestiques séjournent,
Tousjours de la maison le doulx désir les poingt.

XXXI.

Heureux qui comme Ulysse, a fait un beau voyage,
Ou comme cestuy là qui conquit la toison,
Et puis est retourné, plein d'usage et raison,
Vivre entre ses parents le reste de son aage!

Quand revoiray-je, hélas, de mon petit village
Fumer la cheminée, et en quelle saison
Revoiray-je le clos de ma pauvre maison,
Qui m'est une province, et beaucoup d'avantage?

Plus me plaist le séjour qu'ont basty mes ayeux,
Que des palais Romains le front audacieux,
Plus que le marbre dur me plaist l'ardoise fine :

Plus mon Loyre Gaulois, que le Tybre Latin,
Plus mon petit Lyré, que le mont Palatin,
Et plus que l'air marin la doulceur Angevine.

XXXII.

Je me feray sçavant en la philosophie,
En la mathématique, et médicine aussi :
Je me feray légiste, et d'un plus hault soucy
Apprendray les secrets de la théologie :

Du lut et du pinceau j'ébatteray ma vie,
De l'escrime et du bal. Je discourois ainsi,
Et me vantois en moy d'apprendre tout cecy,
Quand je changeay la France au séjour d'Italie.

O beaux discours humains ! je suis venu si loing,
Pour m'enrichir d'ennuy, de vieillesse, et de soing,
Et perdre en voyageant le meilleur de mon aage.

Ainsi le marinier souvent pour tout trésor
Rapporte des harencs en lieu de lingots d'or,
Aiant fait, comme moy, un malheureux voyage.

XXXIII.

Que feray-je, Morel ? dy moy, si tu l'entends,
Feray-je encore icy plus longue demeurance,
Ou si j'iray reveoir les campaignes de France,
Quand les neiges fondront au soleil du printemps ?

Si je demeure icy, hélas je perds mon temps
A me repaistre en vain d'une longue espérance,
Et si je veulx ailleurs fonder mon asseurance,
Je fraude mon labeur du loyer que j'attens.

Mais fault-il vivre ainsi d'une espérance vaine?
Mais fault-il perdre ainsi bien trois ans de ma peine?
Je ne bougeray donc. Non, non, je m'en iray.

Je demourray pourtant, si tu le me conseilles.
Hélas (mon cher Morel) dy moy que je feray,
Car je tiens, comme on dit, le loup par les oreilles.

XXXIIII.

Comme le marinier, que le cruel orage
A long temps agité dessus la haulte mer,
Ayant finablement à force de ramer
Garanty son vaisseau du danger du naufrage,

Regarde sur le port, sans plus craindre la rage
Des vagues ny des vents, les ondes escumer :
Et quelqu'autre bien loing, au danger d'abysmer,
En vain tendre les mains vers le front du rivage :

Ainsi (mon cher Morel) sur le port arresté
Tu regardes la mer, et vois en seureté
De mille tourbillons son onde renversée :

Tu la vois jusqu'au ciel s'eslever bien souvent,
Et vois ton Dubellay, à la mercy du vent,
Assis au gouvernail dans une nef percée.

XXXV.

La nef qui longuement a voyagé (Dillier)
Dedans le sein du port à la fin on la serre :
Et le bœuf, qui long temps a renversé la terre,
Le bouvier à la fin luy oste le collier :

Le vieil cheval se voit à la fin deslier,
Pour ne perdre l'haleine, ou quelque honte acquerre :
Et pour se reposer du travail de la guerre,
Se retire à la fin le vieillard chevalier.

Mais moy, qui jusqu'icy n'ay prouvé que la peine,
La peine et le malheur d'une espérance vaine,
La douleur, le souci, les regrets, les ennuis,

Je vieillis peu à peu sur l'onde Ausonienne,
Et si n'espère point, quelque bien qui m'advienne,
De sortir jamais hors des travaux où je suis.

XXXVI.

Depuis que j'ay laissé mon naturel séjour,
Pour venir où le Tybre aux flots tortuz ondoye,
Le ciel a veu trois fois par son oblique voye
Recommencer son cours la grand' lampe du jour.

Mais j'ay si grand désir de me voir de retour,
Que ces trois ans me sont plus qu'un siège de Troye,
Tant me tarde (Morel) que Paris je revoye,
Et tant le ciel pour moy fait lentement son tour :

Il fait son tour si lent, et me semble si morne,
Si morne, et si pesant, que le froid Capricorne
Ne m'accoursit les jours, ny le Cancre les nuicts.

Voilà (mon cher Morel) combien le temps me dure
Loing de France et de toy, et comment la nature
Fait toute chose longue aveques mes ennuis.

XXXVII.

C'estoit ores, c'estoit qu'à moy je devois vivre,
Sans vouloir estre plus, que cela que je suis,
Et qu'heureux je devois de ce peu que je puis,
Vivre content du bien de la plume, et du livre.

Mais il n'a pleu aux Dieux me permettre de suivre
Ma jeune liberté, ny faire que depuis
Je vesquisse aussi franc de travaux et d'ennuis,
Comme d'ambition j'estois franc et délivre.

Il ne leur a pas pleu qu'en ma vieille saison
Je sceusse quel bien c'est de vivre en sa maison,
De vivre entre les siens sans crainte et sans envie :

Il leur a pleu (hélas) qu'à ce bord estranger
Je veisse ma franchise en prison se changer,
Et la fleur de mes ans en l'hyver de ma vie.

XXXVIII.

O qu'heureux est celuy qui peult passer son aage
Entre pareils à soy ! et qui sans fiction,
Sans crainte, sans envie, et sans ambition,
Règne paisiblement en son pauvre mesnage !

Le misérable soing d'acquérir d'avantage
Ne tyrannise point sa libre affection,
Et son plus grand désir, désir sans passion,
Ne s'estend plus avant que son propre héritage.

Il ne s'empesche point des affaires d'autruy,
Son principal espoir ne dépend que de luy,
Il est sa court, son roy, sa faveur, et son maistre.

Il ne mange son bien en païs estranger,
Il ne met pour autruy sa personne en danger,
Et plus riche qu'il est ne voudroit jamais estre.

XXXIX.

J'ayme la liberté, et languis en service,
Je n'ayme point la Court, et me fault courtiser,
Je n'ayme la feintise, et me fault déguiser,
J'ayme simplicité, et n'apprens que malice :

Je n'adore les biens, et sers à l'avarice,
Je n'ayme les honneurs, et me les fault priser,
Je veulx garder ma foy, et me la fault briser,
Je cherche la vertu, et ne trouve que vice :

Je cherche le repos, et trouver ne le puis,
J'embrasse le plaisir, et n'esprouve qu'ennuis,
Je n'ayme à discourir, en raison je me fonde :

J'ay le corps maladif, et me fault voyager,
Je suis né pour la Muse, on me fait mesnager :
Ne suys-je pas (Morel) le plus chétif du monde ?

XL.

Un peu de mer tenoit le grand Dulichien
D'Ithaque séparé : l'Apennin porte-nue,
Et les monts de Savoye à la teste chenue
Me tiennent loing de France au bord Ausonien.

Fertile est mon séjour, stérile estoit le sien,
Je ne suis dés plus fins, sa finesse est cogneue :
Les siens gardans son bien attendoient sa venue,
Nais nul en m'attendant ne me garde le mien.

Pallas sa guide estoit, je vays à l'aventure,
Il fut dur au travail, moy tendre de nature :
A la fin il ancra sa navire à son port,

Je ne suis asseuré de retourner en France :
Il feit de ses haineux une belle vengeance,
Pour me venger des miens je ne suis assez fort.

XLI.

N'estant de mes ennuis la fortune assouvie,
A fin que je devinsse à moy mesme odieux,
M'osta de mes amis celuy que j'aymois mieux,
Et sans qui je n'avois de vivre nulle envie.

Donc l'éternelle nuict a ta clarté ravie,
Et je ne t'ay suivy parmy ces obscurs lieux?
Toy, qui m'as plus aymé que ta vie et tes yeux,
Toy, que j'ay plus aymé que mes yeux et ma vie.

Hélas, cher compaignon, que ne puis-je estre encor
Le frère de Pollux, toy celui de Castor,
Puis que nostre amitié fut plus que fraternelle?

Reçoy donques ces pleurs pour gage de ma foy,
Et ces vers qui rendront, si je ne me deçoy,
De si rare amitié la mémoire éternelle.

XLII.

C'est ores, mon Vineus, mon cher Vineus, c'est ore
Que de tous les chétifs le plus chétif je suis,
Et que ce que j'estois plus estre je ne puis,
Aiant perdu mon temps, et ma jeunesse encore.

La pauvreté me suit, le souci me dévore,
Tristes me sont les jours, et plus tristes les nuicts:
O que je suis comblé de regrets, et d'ennuis!
Pleust à Dieu que je fusse un Pasquin ou Marphore:

Je n'aurois sentiment du malheur qui me poingt,
Ma plume seroit libre, et si ne craindrois point
Qu'un plus grand contre moy peust exercer son ire.

Asseure toy, Vineus, que celuy seul est Roy,
A qui mesme les Rois ne peuvent donner loy,
Et qui peult d'un chacun à son plaisir escrire.

XLIII.

Je ne commis jamais fraude, ne maléfice,
Je ne doutay jamais des poincts de nostre foy,
Je n'ay point violé l'ordonnance du Roy,
Et n'ay point esprouvé la rigueur de justice :

J'ay fait à mon seigneur fidèlement service,
Je fais pour mes amis ce que je puis et doy,
Et croy que jusqu'icy nul ne se pleint de moy,
Que vers luy j'aye fait quelque mauvais office.

Voilà ce que je suis. Et toutefois, Vineus,
Comme un qui est aux Dieux et aux hommes hai-
                                    [*neux*
Le malheur me poursuit, et tousjours m'importune :

Mais j'ay ce beau confort en mon adversité,
C'est qu'on dit que je n'ay ce malheur mérité,
Et que digne je suis de meilleure fortune.

3.

XLIIII.

Si pour avoir passé sans crime sa jeunesse,
Si pour n'avoir d'usure enrichi sa maison,
Si pour n'avoir commis homicide ou traison,
Si pour n'avoir usé de mauvaise finesse,

Si pour n'avoir jamais violé sa promesse,
On se doit resjouir en l'arrière saison,
Je dois à l'advenir, si j'ay quelque raison,
D'un grand contentement consoler ma vieillesse.

Je me console donc en mon adversité,
Ne requérant aux Dieux plus grand' félicité,
Que de pouvoir durer en ceste patience.

O Dieux, si vous avez quelque souci de nous,
Ottroyez moy ce don, que j'espère de vous,
Et pour vostre pitié, et pour mon innocence.

XLV.

O marastre Nature (et marastre es-tu bien,
De ne m'avoir plus sage ou plus heureux fait naistre),
Pourquoy ne m'as-tu fait de moy mesme le maistre,
Pour suivre ma raison, et vivre du tout mien?

Je voy les deux chemins, et de mal, et de bien :
Je sçay que la vertu m'appelle à la main dextre,
Et toutefois il fault que je tourne à senestre,
Pour suivre un traistre espoir, qui m'a fait du tout sien.

Et quel profit en ay-je? ô belle récompense!
Je me suis consumé d'une vaine despence,
Et n'ay fait autre acquest que de mal et d'ennuy.

L'estranger recueillit le fruict de mon service,
Je travaille mon corps d'un indigne exercice,
Et porte sur mon front la vergongne d'autruy.

XLVI.

Si par peine, et sueur, et par fidélité,
Par humble servitude, et longue patience,
Employer corps, et biens, esprit, et conscience,
Et du tout mespriser sa propre utilité :

Si pour n'avoir jamais par importunité
Demandé bénéfice, ou autre récompense,
On se doit enrichir, j'auray (comme je pense)
Quelque bien à la fin, car je l'ay mérité.

Mais si par larrecin advancé l'on doit estre,
Par mentir, par flater, par abuser son maistre,
Et pis que tout cela faire encor' bien souvent :

Je cognois que je sème au rivage infertile,
Que je veux cribler l'eau, et que je bats le vent,
Et que je suis (Vineus) serviteur inutile.

XLVII.

Si onques de pitié ton ame fut atteinte,
Voiant indignement ton amy tormenté,
Et si onques tes yeux ont expérimenté
Les poignans esguillons d'une douleur non feinte,

Voy la mienne en ces vers sans artifice peinte,
Comme sans artifice est ma simplicité :
Et si pour moy tu n'es à pleurer incité,
Ne te ry pour le moins des souspirs de ma pleinte.

Ainsi (mon cher Vineus) jamais ne puisse-tu
Esprouver les regrets qu'esprouve une vertu,
Qui se voit défrauder du loyer de sa peine :

Ainsi l'œil de ton Roy favorable te soit,
Et ce qui des plus fins l'espérance déçoit,
N'abuse ta bonté d'une promesse vaine.

XLVIII.

O combien est heureux, qui n'est contreint de feindre
Ce que la vérité le contreint de penser,
Et à qui le respect d'un qu'on n'ose offenser,
Ne peult la liberté de sa plume contreindre !

Las, pourquoy de ce nœu sens-je la mienne estreindre,
Quand mes justes regrets je cuide commencer ?
Et pourquoy ne se peult mon ame dispenser,
De ne sentir son mal, ou de s'en pouvoir pleindre ?

On me donne la genne, et si n'ose crier,
On me voit tormenter, et si n'ose prier
Qu'on ait pitié de moy. O peine trop sugette!

Il n'est feu si ardant, qu'un feu qui est enclos,
Il n'est si fâcheux mal, qu'un mal qui tient à l'os,
Et n'est si grand' douleur, qu'une douleur muette.

XLIX.

Si après quarante ans de fidèle service,
Que celuy que je sers a fait en divers lieux,
Emploiant, libéral, tout son plus et son mieux
Aux affaires qui sont de plus digne exercice,

D'un hayneux estranger l'envieuse malice
Exerce contre luy son courage odieux,
Et sans avoir souci des hommes ny des dieux,
Oppose à la vertu l'ignorance et le vice:

Me doy-je tormenter, moy qui suis moins que rien,
Si par quelqu'un (peult estre) envieux de mon bien,
Je ne trouve à mon gré la faveur opportune?

Je me console donc, et en pareille mer,
Voyant mon cher Seigneur au danger d'abysmer,
Il me plaist de courir une mesme fortune.

L.

Sortons (Dilliers), sortons, faisons place à l'envie,
Et fuions désormais ce tumulte civil,
Puis qu'on y voit priser le plus lasche et plus vil,
Et la meilleure part estre la moins suivie.

Allons où la vertu, et le sort nous convie,
Deussions nous voir le Scythe, ou la source du Nil,
Et nous donnons plus-tost un éternel exil,
Que tacher d'un seul poinct l'honneur de nostre vie.

Sus donques, et devant que le cruel vainqueur
De nous face une fable au vulgaire moqueur,
Banissons la vertu d'un exil volontaire.

Et quoy? ne sçais-tu pas que le bany Romain,
Bien qu'il fust déchassé de son peuple inhumain,
Fut pourtant adoré du barbare coursaire?

LI.

Mauny, prenons en gré la mauvaise fortune,
Puis que nul ne se peult de la bonne asseurer,
Et que de la mauvaise on peult bien espérer,
Estant son naturel de n'estre jamais une.

Le sage nocher craint la faveur de Neptune,
Sachant que le beau temps long temps ne peult durer:
Et ne vault-il pas mieulx quelque orage endurer,
Que d'avoir tousjours peur de la mer importune?

Par la bonne fortune on se trouve abusé,
Par la fortune adverse on devient plus rusé :
L'une esteint la vertu, l'autre la fait paroistre :

L'une trompe noʒ yeux d'un visage menteur,
L'autre nous fait l'amy cognoistre du flateur,
Et si nous fait encor' à nous mesmes cognoistre.

LII.

Si les larmes servoient de remède au malheur,
Et le pleurer pouvoit la tristesse arrester,
On devroit (Seigneur mien) les larmes acheter,
Et ne se trouveroit rien si cher que le pleur.

Mais les pleurs en effect sont de nulle valeur :
Car soit qu'on ne se veuille en pleurant tormenter,
Ou soit que nuict et jour on veuille lamenter,
On ne peult divertir le cours de la douleur.

Le cœur fait au cerveau ceste humeur exhaler,
Et le cerveau la fait par les yeux dévaller,
Mais le mal par les yeux ne s'allambique pas.

De quoy donques nous sert ce fascheux larmoyer ?
De jetter, comme on dit, l'huile sur le foyer,
Et perdre sans profit le repoʒ et repas.

LIII.

Vivons (Gordes), vivons, vivons, et pour le bruit
Des vieillards ne laissons à faire bonne chère :
Vivons, puis que la vie est si courte et si chère,
Et que mesmes les Rois n'én ont que l'usufruit.

Le jour s'esteint au soir, et au matin reluit,
Et les saisons refont leur course coustumière :
Mais quand l'homme a perdu ceste doulce lumière,
La mort luy fait dormir une éternelle nuict.

Donq imiterons-nous le vivre d'une beste ?
Non, mais devers le ciel levans tousjours la teste,
Gousterons quelque fois la doulceur du plaisir.

Celuy vrayement est fol, qui changeant l'asseurance
Du bien qui est présent en douteuse espérance,
Veult tousjours contredire à son propre désir.

LIIII.

Maraud, qui n'es maraud que de nom seulement,
Qui dit que tu es sage, il dit la vérité :
Mais qui dit que le soing d'éviter pauvreté
Te ronge le cerveau, ta face le desment.

Celuy vrayement est riche et vit heureusement,
Qui s'esloignant de l'une et l'autre extrémité,
Prescrit à ses désirs un terme limité :
Car la vraye richesse est le contentement.

Sus donc *(mon cher Maraud)* pendant que nostre
[maistre,
Que pour le bien publiq la nature a fait naistre,
Se tormente l'esprit des affaires d'autruy,

Va devant à la vigne apprester la salade :
Que sçait-on qui demain sera mort, ou malade ?
Celuy vit seulement, lequel vit aujourd'huy.

LV.

Montigné *(car tu es aux procez usité)*,
Si quelqu'un de ces Dieux, qui ont plus de puissance,
Nous promit de tous biens paisible jouissance,
Nous obligeant par Styx toute sa déité,

Il s'est mal envers nous de promesse acquitté,
Et devant Juppiter en devons faire instance :
Mais si lon ne peult faire aux Parques résistance,
Qui jugent par arrest de la fatalité,

Nous n'en appellerons, attendu que ne sommes
Plus privilégiez, que sont les autres hommes
Condemnez, comme nous, en pareille action :

Mais si l'ennuy vouloit sur nostre fantaisie,
Par vertu du malheur faire quelque saisie,
Nous nous opposerions à l'exécution.

LVI.

Baïf, qui, comme moy, prouves l'adversité,
Il n'est pas tousjours bon de combatre l'orage,
Il fault caler la voile, et de peur du naufrage,
Céder à la fureur de Neptune irrité.

Mais il ne fault aussi par crainte et vilité
S'abandonner en proye : il fault prendre courage,
Il fault feindre souvent l'espoir par le visage,
Et fault faire vertu de la nécessité.

Donques sans nous ronger le cœur d'un trop grand
[soing,
Mais de nostre vertu nous aidant au besoing,
Combatons le malheur. Quant à moy, je proteste

Que je veulx désormais Fortune despiter,
Et que s'elle entreprend le me faire quitter,
Je le tiendray (Baïf) et fust-ce de ma reste.

LVII.

Cependant que tu suis le lièvre par la plaine,
Le sanglier par les bois, et le milan par l'aer,
Et que voiant le sacre, ou l'espervier voler,
Tu t'exerces le corps d'une plaisante peine,

Nous autres malheureux suivons la court Romaine,
Où, comme de ton temps, nous n'oyons plus parler
De rire, de saulter, de danser, et baller,
Mais de sang, et de feu, et de guerre inhumaine.

Pendant, tout le plaisir de ton Gorde, et de moy,
C'est de te regreter, et de parler de toy,
De lire quelque autheur, ou quelque vers escrire.

Au reste (mon Dagaut) nous n'esprouvons icy
Que peine, que travail, que regret, et soucy,
Et rien, que le Breton, ne nous peult faire rire.

LVIII.

Le Breton est sçavant, et sçait fort bien escrire
En François, et Thuscan, en Grec, et en Romain,
Il est en son parler plaisant et fort humain,
Il est bon compaignon, et dit le mot pour rire.

Il a bon jugement, et sçait fort bien eslire
Le blanc d'avec le noir : il est bon escrivain,
Et pour bien compasser une lettre à la main,
Il y est excellent autant qu'on sçauroit dire :

Mais il est paresseux, et craint tant son mestier,
Que s'il devoit jeusner, ce croy-je, un mois entier,
Il ne travailleroit seulement un quart d'heure.

Bref il est si poltron, pour bien le deviser,
Que depuis quatre mois, qu'en ma chambre il de-
[meure,
Son umbre seulement me fait poltronniser.

LIX.

Tu ne me vois jamais (Pierre) que tu ne die
Que j'estudie trop, que je face l'amour,
Et que d'avoir tousjours ces livres à l'entour,
Rend les yeux esblouïs, et la teste estourdie.

Mais tu ne l'entends pas : car ceste maladie
Ne me vient du trop lire, ou du trop long séjour,
Ains de voir le bureau, qui se tient chacun jour :
C'est, Pierre mon amy, le livre où j'estudie.

Ne m'en parle donc plus, autant que tu as cher
De me donner plaisir, et de ne me fascher :
Mais bien en ce pendant que d'une main habile

Tu me laves la barbe, et me tonds les cheveulx,
Pour me d'esennuyer, conte moy si tu veulx
Des nouvelles du Pape, et du bruit de la ville.

LX.

Seigneur, ne pensez pas d'ouïr chanter icy
Les louanges du Roy, ny la gloire de Guyse,
Ny celle que se sont les Chastillons acquise,
Ny ce Temple sacré au grand Montmorancy.

N'y pensez voir encor' le sévère sourcy
De madame Sagesse, ou la brave entreprise,
Qui au Ciel, aux Démons, aux Estoilles s'est prise,
La Fortune, la Mort, et la Justice aussi :

De l'Or encore moins, de luy je ne suis digne :
Mais bien d'un petit Chat j'ay fait un petit hymne,
Lequel je vous envoye : autre présent je n'ay.

Prenez le donc (Seigneur) et m'excusez de grace,
Si pour le bal ayant la musique trop basse,
Je sonne un passepied, ou quelque branle gay.

LXI.

Qui est amy du cœur est amy de la bourse,
Ce dira quelque honneste et hardy demandeur,
Qui de l'argent d'autruy libéral despendeur
Luy mesme à l'hospital s'en va toute la course.

Mais songe là-dessus, qu'il n'est si vive source,
Qu'on ne puisse espuiser, ny si riche presteur,
Qui ne puisse à la fin devenir emprunteur,
Ayant affaire à gens qui n'ont point de resource.

Gordes, si tu veuls vivre heureusement Romain,
Sois large de faveur, mais garde que ta main
Ne soit à tous venans trop largement ouverte.

Par l'un on peult gaigner mesmes son ennemy,
Par l'autre bien souvent on perd un bon amy,
Et quand on perd l'argent, c'est une double perte.

LXII.

Ce ruzé Calabrois, tout vice, quel qu'il soit,
Chatouille à son amy, sans espargner personne,
Et faisant rire ceulx, que mesme il espoinçonne,
Se joue autour du cœur de cil qui le reçoit.

Si donc quelque subtil en mes vers apperçoit
Que je morde en riant, pourtant nul ne me donne
Le nom de feint amy vers ceulx que j'aiguillonne :
Car qui m'estime tel, lourdement se déçoit.

La Satyre (Dilliers) est un publiq exemple,
Où, comme en un miroir, l'homme sage contemple
Tout ce qui est en luy ou de laid, ou de beau.

Nul ne me lise donc : ou qui me vouldra lire,
Ne se fasche s'il voit, par manière de rire,
Quelque chose du sien protrait en ce tableau.

LXIII.

Quel est celuy qui veult faire croire de soy
Qu'il est fidèle amy, mais quand le temps se change,
Du costé des plus forts soudainement se range,
Et du costé de ceulx qui ont le mieux de quoy ?

Quel est celuy qui dit qu'il gouverne le Roy ?
J'entends quand il se voit en un païs estrange,
Et bien loing de la Court : quel homme est-ce, Les-
[trange ?
Lestrange, entre nous deux je te pry dy le moy.

Dy moy, quel est celuy qui si bien se déguise,
Qu'il semble homme de guerre entre les gens d'é-
[glise,
Et entre gens de guerre aux prestres est pareil ?

Je ne scay pas son nom : mais quiconqu' il puisse
[estre,
Il n'est fidèle amy, ny mignon de son maistre,
Ny vaillant chevalier, ny homme de conseil.

LXIIII.

Nature est aux bastards volontiers favorable,
Et souvent les bastards sont les plus généreux,
Pour estre au jeu d'amour l'homme plus vigoreux,
D'autant que le plaisir luy est plus aggréable.

Le donteur de Méduse, Hercule l'indontable,
Le vainqueur Indien, et les Jumeaux heureux,
Et tous ces Dieux bastards jadis si valeureux,
Ce problème (Biʒet) font plus que véritable.

Et combien voyons nous aujourd'huy de bastards,
Soit en l'art d'Apollon, soit en celuy de Mars,
Exceller ceux qui sont de race légitime ?

Bref tousjours ces bastards sont de gentil esprit :
Mais ce bastard (Biʒet) que lon nous a descrit,
Est cause que je fais des autres moins d'estime.

LXV.

Tu ne crains la fureur de la plume animée,
Pensant que je n'ay rien à dire contre toy,
Sinon ce que ta rage a vomy contre moy,
Grinssant comme un mastin la dent envenimée.

Tu crois que je n'en scay que par la renommée,
Et que quand j'auray dict que tu n'as point de foy,
Que tu es affronteur, que tu es traistre au Roy,
Que j'auray contre toy ma force consommée.

Tu penses que je n'ay rien de quoy me vanger,
Sinon que tu n'es fait que pour boire et manger :
Mais j'ay bien quelque chose encores plus mordante,

Et quoy ? l'amour d'Orphée ? et que tu ne sceus onq
Que c'est de croire en Dieu ? non : quel vice est-ce
                                             [donc ?
C'est, pour le faire court, que tu es un pédante.

LXVI.

Ne t'esmerveille point que chacun il mesprise,
Qu'il dédaigne un chacun, qu'il n'estime que soy,
Qu'aux ouvrages d'autruy il veuille donner loy,
Et comme un Aristarq' luy mesme s'auctorise.

Paschal, c'est un pédant' : et quoy qu'il se desguise,
Sera tousjours pédant'. Un pédant' et un roy
Ne te semblent ilz pas avoir je ne scay quoy
De semblable, et que l'un à l'autre symbolise ?

Les subjects du pédant' ce sont ses escoliers,
Ses classes ses estats, ses régents officiers,
Son collége (Paschal) est comme sa province.

Et c'est pourquoy jadis le Syracusien,
Aiant perdu le nom de roy Sicilien,
Voulut estre pédant', ne pouvant estre prince.

LXVII.

Magny, je ne puis voir un prodigue d'honneur,
Qui trouve tout bien fait, qui de tout s'esmerveille,
Qui mes faultes approuve, et me flatte l'oreille,
Comme si j'estois prince, ou quelque grand seigneur.

Mais je me fasche aussi d'un fascheux repreneur,
Qui du bon et mauvais fait censure pareille,
Qui se list voluntiers, et semble qu'il sommeille
En lisant les chansons de quelque autre sonneur.

Cestui-là me déçoit d'une faulse louange,
Et gardant qu'aux bons vers les mauvais je ne
                                          [change,
Fait qu'en me plaisant trop à chacun je desplais :

Cestui-cy me dégouste, et ne pouvant rien faire
Qui luy plaise, il me fait également desplaire
Tout ce qu'il fait luy mesme, et tout ce que je fais.

LXVIII.

Je hay du Florentin l'usurière avarice,
Je hay du fol Sienois le sens mal arresté,
Je hay du Genevois la rare vérité,
Et du Vénitien la trop caute malice :

Je hay le Ferrarois pour je ne sçay quel vice,
Je hay tous les Lombards pour l'infidélité,
Le fier Napolitain pour sa grand' vanité,
Et le poltron Romain pour son peu d'exercice :

Je hay l'Anglois mutin, et le brave Escossois,
Le traistre Bourguignon, et l'indiscret François,
Le superbe Espaignol, et l'yvrongne Thudesque :

Bref, je hay quelque vice en chaque nation,
Je hay moymesme encor' mon imperfection,
Mais je hay par sur tout un sçavoir pédantesque.

LXIX.

Pourquoy me gronde-tu, vieux mastin affamé,
Comme si Dubellay n'avoit point de défense ?
Pourquoy m'offense-tu, qui ne t'ay fait offense,
Sinon de t'avoir trop quelquefois estimé ?

Qui t'ha, chien envieux, sur moy tant animé,
Sur moy, qui suis absent ? croy-tu que ma van-
                                            [geance
Ne puisse bien d'icy darder jusques en France
Un traict, plus que le tien, de rage envenimé ?

Je pardonne à ton nom, pour ne souiller mon livre :
D'un nom, qui par mes vers n'a mérité de vivre :
Tu n'auras, malheureux, tant de faveur de moy :

Mais si plus longuement ta fureur persévère,
Je t'envoiray d'icy un foet, une Mégère,
Un serpent, un cordeau, pour me vanger de toy.

LXX.

Si Pirithois ne fust aux enfers descendu,
L'amitié de Thésé' seroit ensevelie,
Et Nise par sa mort n'eust la sienne ennoblie,
S'il n'eust veu sur le champ Eurial' estendu :

De Pylade le nom ne seroit entendu
Sans la fureur d'Oreste, et la foy de Pythie
Ne fust par tant d'escripts en lumière sortie,
Si Damon ne se fust en sa place rendu :

Et je n'eusse esprouvé la tienne si muable,
Si fortune vers moy n'eust esté variable.
Que puis-je faire donc, pour me vanger de toy ?

Le mal que je te veulx, c'est qu'un jour je te puisse
Faire en pareil endroit, mais par meilleure office,
Recognoistre ta faulte, et voir quelle est ma foy.

LXXI.

Ce Brave qui se croit, pour un jacque de maille,
Estre un second Roland, ce dissimulateur,
Qui superbe aux amis, aux ennemis flateur,
Contrefait l'habile homme, et ne dit rien qui vaille,

Belleau, ne le croy pas : et quoy qu'il se travaille
De se feindre hardy d'un visage menteur,
N'ajouste point de foy à son parler vanteur,
Car oncq homme vaillant je n'ay veu de sa taille.

Il ne parle jamais que des faveurs qu'il a,
Il desdaigne son maistre, et courtise ceulx là
Qui ne font cas de luy : il brusle d'avarice :

Il fait du bon Chrestien, et n'a ny foy ny loy :
Il fait de l'amoureux, mais c'est, comme je croy,
Pour couvrir le soupçon de quelque plus grand vice.

LXXII.

Encores que lon eust heureusement compris
Et la doctrine Grecque, et la Romaine ensemble,
Si est-ce (Gohory) qu'icy, comme il me semble,
On peult apprendre encor', tant soit-on bien appris.

Non pour trouver icy de plus doctes escrits
Que ceulx que le François songneusement assemble,
Mais pour l'air plus subtil, qui doucement nous amble
Ce qui est plus terrestre, et lourd en noz esprits.

Je ne sçay quel Démon de sa flamme divine
Le moins parfait de nous purge, esprouve, et affine,
Lime le jugement, et le rend plus subtil.

Mais qui trop y demeure, il envoye en fumée
De l'esprit trop purgé la force consumée,
Et pour l'esmoudre trop, luy fait perdre le fil.

LXXIII.

Gordes, j'ay en horreur un vieillard vicieux,
Qui l'aveugle appétit de la jeunesse imite,
Et jà froid par les ans, de soymesme s'incite
A vivre délicat en repoz ocieux.

Mais je ne crains rien tant qu'un jeune ambicieux,
Qui pour se faire grand contrefait de l'hermite,
Et voilant sa traison d'un masque d'hypocrite,
Couve soubs beau semblant un cœur malicieux.

Il n'est rien (ce dit-on en proverbe vulgaire)
Si sale qu'un vieux bouq, ne si prompt à mal faire
Comme est un jeune loup : et, pour le dire mieux,

Quand bien au naturel de tous deux je regarde,
Comme un fangeux pourceau l'un desplaist à mes
                                                    [yeux,
Comme d'un fin renard de l'autre je me garde.

LXXIIII.

Tu dis que Dubellay tient réputation,
Et que de ses amis il ne tient plus de compte :
Si ne suis-je Seigneur, Prince, Marquis, ou Conte,
Et n'ay changé d'estat ny de condition.

Jusqu'icy je ne sçay que c'est d'ambition,
Et pour ne me voir grand ne rougis point de honte:
Aussi ma qualité ne baisse ny ne monte,
Car je ne suis subject qu'à ma complexion.

Je ne sçay comme il fault entretenir son maistre,
Comme il fault courtiser, et moins quel il fault estre
Pour vivre entre les grands, comme on vit aujour-
　　　　　　　　　　　　　　[d'huy.

J'honnore tout le monde, et ne fasche personne :
Qui me donne un salut, quatre je luy en donne :
Qui ne fait cas de moy, je ne fais cas de luy.

LXXV.

Gordes, que Dubellay ayme plus que ses yeux,
Voy comme la nature, ainsi que du visage,
Nous a fait différents de meurs et de courage,
Et ce qui plaist à l'un, à l'autre est odieux.

Tu dis : je ne puis voir un sot audacieux,
Qui un moindre que luy brave à son avantage,
Qui s'escoute parler, qui farde son langage,
Et fait croire de luy, qu'il est mignon des Dieux.

Je suis tout au contraire, et ma raison est telle :
Celuy, dont la doulceur courtoisement m'appelle,
Me fait oultre mon gré courtisan devenir :

Mais de tel entretien le brave me dispense :
Car n'estant obligé vers luy de récompense,
Je le laisse tout seul luymesme entretenir.

LXXVI.

Cent fois plus qu'à louer on se plaist à mesdire :
Pource qu'en mesdisant on dit la vérité,
Et louant, la faveur, ou bien l'auctorité
Contre ce qu'on en croit fait bien souvent escrire.

Qu'il soit vray, prins-tu onq tel plaisir d'ouir lire
Les louanges d'un prince, ou de quelque cité,
Qu'ouir un Marc Antoine à mordre exercité,
Dire cent mille mots qui font mourir de rire ?

S'il est donques permis, sans offense d'aucun,
Des meurs de nostre tems deviser en commun,
Quiconques me lira, m'estime fol, ou sage :

Mais je croy qu'aujourdhuy tel pour sage est tenu,
Qui ne seroit rien moins que pour tel recogneu,
Qui luy auroit osté le masque du visage.

LXXVII.

Je ne descouvre icy les mystères sacrez
Des saincts prestres Romains, je ne veulx rien es-
[crire
Que la vierge honteuse ait vergongne de lire :
Je veulx toucher sans plus aux vices moins secretz.

Mais tu diras que mal je nomme ces regretz,
Veu que le plus souvent j'use de mots pour rire :
Et je dy que la mer ne bruit tousjours son ire,
Et que tousjours Phœbus ne sagette les Grecz.

Si tu rencontre donc icy quelque risée,
Ne baptise pourtant de plainte desguisée
Les vers que je souspire au bord Ausonien.

La plainte que je fais (Dilliers) est véritable :
Si je ry, c'est ainsi qu'on se rid à la table :
Car je ry, comme on dit, d'un riz Sardonien.

LXXVIII.

Je ne te conteray de Boulongne, et Venise,
De Padoue, et Ferrare, et de Milan encor',
De Naples, de Florence, et lesquelles sont or'
Meilleures pour la guerre, ou pour la marchandise:

Je te raconteray du siége de l'Église,
Qui fait d'oysiveté son plus riche trésor,
Et qui dessous l'orgueil de trois couronnes d'or
Couve l'ambition, la haine, et la feintise:

Je te diray qu'icy le bonheur, et malheur,
Le vice, la vertu, le plaisir, la douleur,
La science honorable, et l'ignorance abonde.

Bref, je diray qu'icy, comme en ce vieil Caos,
Se trouve (Pelletier) confusément enclos
Tout ce qu'on void de bien, et de mal en ce monde.

LXXIX.

Je n'escris point d'amour, n'estant point amoureux,
Je n'escris de beauté, n'aiant belle maistresse,
Je n'escris de douceur, n'esprouvant que rudesse,
Je n'escris de plaisir, me trouvant douloureux :

Je n'escris de bon heur, me trouvant malheureux,
Je n'escris de faveur, ne voyant ma Princesse,
Je n'escris de trésors, n'ayant point de richesse,
Je n'escris de santé, me sentant langoureux :

Je n'escris de la court, estant loing de mon Prince,
Je n'escris de la France, en estrange province,
Je n'escris de l'honneur, n'en voiant point icy :

Je n'escris d'amitié, ne trouvant que feintise,
Je n'escris de vertu, n'en trouvant point aussi,
Je n'escris de sçavoir, entre les gens d'Église.

5.

LXXX.

Si je monte au Palais, je n'y trouve qu'orgueil,
Que vice desguisé, qu'une cérimonie,
Qu'un bruit de tabourins, qu'une estrange armonie,
Et de rouges habits un superbe appareil :

Si je descens en banque, un amas et recueil
De nouvelles je treuve, une usure infinie,
De riches Florentins une troppe banie,
Et de pauvres Sienois un lamentable dueil :

Si je vais plus avant, quelque part ou j'arrive,
Je treuve de Vénus la grand' bande lascive
Dressant de tous costez mil appas amoureux :

Si je passe plus oultre, et de la Rome neufve
Entre en la vieille Rome, adonques je ne treuve
Que de vieux monuments un grand monceau pier-
[reux.

LXXXI.

Il fait bon voir (Paschal) un conclave serré,
Et l'une chambre à l'autre également voisine
D'antichambre servir, de salle, et de cuisine,
En un petit recoing de dix pieds en carré :

Il fait bon voir autour le palais emmuré,
Et briguer là dedans ceste troppe divine,
L'un par ambition, l'autre par bonne mine,
Et par despit de l'un, estre l'autre adoré :

Il fait bon voir dehors toute la ville en armes,
Crier, le Pape est fait, donner de faulx alarmes,
Saccager un palais : mais plus que tout cela

Fait bon voir, qui de l'un, qui de l'autre se vante,
Qui met pour cestui-cy, qui met pour cestui-là,
Et pour moins d'un escu dix Cardinaux en vente.

LXXXII.

Veuls-tu sçavoir (Duthier) quelle chose c'est Rome?
Rome est de tout le monde un publique eschafault,
Une scène, un théâtre, auquel rien ne défault
De ce qui peult tomber ès actions de l'homme.

Icy se void le jeu de la Fortune, et comme
Sa main nous fait tourner ores bas, ores haut :
Icy chacun se monstre, et ne peult, tant soit caut,
Faire que tel qu'il est, le peuple ne le nomme.

Icy du faulx et vray la messagère court,
Icy les courtisans font l'amour et la court,
Icy l'ambition, et la finesse abonde :

Icy la liberté fait l'humble audacieux,
Icy l'oysiveté rend le bon vicieux,
Icy le vil faquin discourt des faicts du monde.

LXXXIII.

Ne pense (Robertet) que ceste Rome cy
Soit ceste Rome là, qui te souloit tant plaire.
On n'y fait plus crédit, comme lon souloit faire,
On n'y fait plus l'amour, comme on souloit aussi.

La paix, et le bon temps ne règnent plus icy,
La musique, et le bal sont contraints de s'y taire,
L'air y est corrompu, Mars y est ordinaire,
Ordinaire la faim, la peine, et le soucy.

L'artisan desbauché y ferme sa boutique,
L'ocieux advocat y laisse sa pratique,
Et le pauvre marchand y porte le bissac :

On ne voit que soldartz, et morrions en teste,
On n'oit que tabourins, et semblable tempeste,
Et Rome tous les jours n'attend qu'un autre sac.

LXXXIIII.

Nous ne faisons la court aux filles de Mémoire,
Comme vous, qui vivez libres de passion :
Si vous ne sçavez donc nostre occupation,
Ces dix vers ensuivans vous la feront notoire :

Suivre son Cardinal au Pape, au consistoire,
En capelle, en visite, en congrégation,
Et pour l'honneur d'un prince, ou d'une nation,
De quelque ambassadeur accompagner la gloire :

Estre en son rang de garde auprès de son seigneur,
Et faire aux survenans l'accoustumé honneur,
Parler du bruit qui court, faire de l'habile homme :

Se pourmener en housse, aller voir d'huis en huis
La Marthe, ou la Victoire, et s'engager aux Juifz :
Voilà, mes compagnons, les passetemps de Rome.

LXXXV.

Flatter un créditeur, pour son terme alonger,
Courtiser un banquier, donner bonne espérance,
Ne suivre en son parler la liberté de France,
Et pour respondre un mot, un quart d'heure y songer :

Ne gaster sa santé par trop boire et manger,
Ne faire sans propos une folle despence,
Ne dire à tous venans tout cela que lon pense,
Et d'un maigre discours gouverner l'estranger :

Cognoistre les humeurs, cognoistre qui demande,
Et d'autant que lon a la liberté plus grande,
D'autant plus se garder que lon ne soit repris :

Vivre aveques chacun, de chacun faire compte :
Voilà, mon cher Morel (dont je rougis de honte)
Tout le bien qu'en trois ans à Rome j'ay appris.

LXXXVI.

Marcher d'un grave pas, et d'un grave sourci,
Et d'un grave soubriz à chacun faire feste,
Balancer tous ses mots, respondre de la teste,
Avec un Messer non, ou bien un Messer si :

Entremesler souvent un petit, Et cosi,
Et d'un son Servitor' contrefaire l'honneste,
Et comme si lon eust sa part en la conqueste,
Discourir sur Florence, et sur Naples aussi :

Seigneuriser chacun d'un baisement de main,
Et suivant la façon du courtisan Romain,
Cacher sa pauvreté d'une brave apparence :

Voilà de ceste Court la plus grande vertu,
Dont souvent mal monté, mal sain, et mal vestu,
Sans barbe et sans argent on s'en retourne en
[France.

LXXXVII.

D'où vient cela (Mauny) que tant plus on s'efforce
D'eschapper hors d'icy, plus le Démon du lieu
(Et que seroit-ce donq si ce n'est quelque Dieu?)
Nous y tient attachez par une doulce force?

Seroit-ce point d'amour ceste alléchante amorse,
Ou quelque autre venim, dont après avoir beu
Nous sentons noz esprits nous laisser peu à peu;
Comme un corps qui se perd sous une neuve escorse?

J'ay voulu mille fois de ce lieu m'estranger,
Mais je sens mes cheveux en fueilles se changer,
Mes bras en longs rameaux, et mes piedʒ en racine.

Bref, je ne suis plus rien qu'un vieil tronc animé,
Qui se pleint de se voir à ce bord transformé,
Comme le Myrte Anglois au rivage d'Alcine.

LXXXVIII.

Qui choisira pour moy la racine d'Ulysse?
Et qui me gardera de tomber au danger
Qu'une Circe en pourceau ne me puisse changer,
Pour estre à tout jamais fait esclave du vice?

Qui m'estreindra le doy de l'anneau de Mélisse,
Pour me désenchanter comme un autre Roger?
Et quel Mercure encor' me fera desloger,
Pour ne perdre mon temps en l'amoureux service?

Qui me fera passer sans escouter la voix
Et la feinte douceur des monstres d'Achelois?
Qui chassera de moy ces Harpyes friandes?

Qui volera pour moy encor' un coup aux cieux,
Pour rapporter mon sens, et me rendre mes yeux?
Et qui fera qu'en paix je mange mes viandes?

LXXXIX.

Gordes, il m'est advis que je suis esveillé,
Comme un qui tout esmeu d'un effroyable songe
Se resveille en sursault, et par le lict s'alonge,
S'esmerveillant d'avoir si long temps sommeillé.

Roger devint ainsi (ce croy-je) esmerveillé :
Et croy que tout ainsi la vergongne me ronge,
Comme luy, quand il eut descouvert la mensonge
Du fard magicien qui l'avoit aveuglé.

Et comme luy aussi je veulx changer de stile,
Pour vivre désormais au sein de Logistile,
Qui des cœurs langoureux est le commun support.

Sus donc (Gordes) sus donc, à la voile, à la rame,
Fuions, gaignons le hault, je voy la belle Dame
Qui d'un heureux signal nous appelle à son port.

XC.

Ne pense pas (Bouju) que les Nymphes Latines
Pour couvrir leur traison d'une humble privauté,
Ny pour masquer leur teint d'une faulse beauté,
Me facent oublier nos Nymphes Angevines.

L'Angevine douceur, les paroles divines,
L'habit qui ne tient rien de l'impudicité,
La grace, la jeunesse, et la simplicité,
Me desgoustent (Bouju) de ces vieilles Alcines.

Qui les voit par dehors, ne peult rien voir plus beau,
Mais le dedans resemble au dedans d'un tombeau,
Et si rien entre nous moins honneste se nomme.

O quelle gourmandise ! ô quelle pauvreté !
O quelle horreur de voir leur immundicité !
C'est vrayment de les voir le salut d'un jeune homme.

XCI.

O beaux cheveux d'argent mignonnement retors !
O front crespe, et serein ! et vous face dorée !
O beaux yeux de crystal ! ô grand' bouche honorée,
Qui d'un large reply retrousses tes deux bordz !

O belles dentz d'ébène ! ô précieux trésors,
Qui faites d'un seul riz toute ame enamourée !
O gorge damasquine en cent pliz figurée !
Et vous beaux grands tetins, dignes d'un si beau
[corps !

O beaux ongles dorez ! ô main courte, et grassette !
O cuisse délicate ! et vous gembe grossette,
Et ce que je ne puis honnestement nommer !

O beau corps transparant ! ô beaux membres de
[glace !
O divines beautez ! pardonnez moy de grace,
Si pour estre mortel, je ne vous ose aymer.

6

XCII.

En mille crespillons les cheveux se friƷer,
Se pincer les sourcilƷ, et d'une odeur choisie
Parfumer hault et bas sa charnure moisie,
Et de blanc et vermeil sa face desguiser :

Aller de nuict en masque, en masque deviser,
Se feindre à tous propos estre d'amour saisie,
Siffler toute la nuict par une jalousie,
Et par martel de l'un, l'autre favoriser :

Baller, chanter, sonner, folastrer dans la couche,
Avoir le plus souvent deux langues en la bouche,
Des courtisannes sont les ordinaires jeux.

Mais quel besoing est-il que je te les enseigne ?
Si tu les veuls sçavoir (Gordes) et si tu veuls
En sçavoir plus encor', demande à la Chassaigne.

XCIII.

Doulce mère d'amour, gaillarde Cyprienne,
Qui fais sous ton pouvoir tout pouvoir se ranger,
Et qui des bordƷ de Xanthe, à ce bord estranger
Guidas avec ton filƷ ta gent Dardanienne,

Si je retourne en France, ô mère Idalienne,
Comme je vins icy, sans tomber au danger
De voir ma vieille peau en autre peau changer,
Et ma barbe Françoise en barbe Italienne,

Dès icy je fais veu d'appendre à ton autel
Non le liz, ou la fleur d'Amarante immortel,
Non ceste fleur encor' de ton sang colorée :

Mais bien de mon menton la plus blonde toison,
Me vantant d'avoir fait plus que ne feit Jason,
Emportant le butin de la toison dorée.

XCIIII.

Heureux celuy qui peult long temps suivre la guerre
Sans mort, ou sans blesseure, ou sans longue prison!
Heureux qui longuement vit hors de sa maison
Sans despendre son bien, ou sans vendre sa terre!

Heureux qui peult en Court quelque faveur acquerre
Sans crainte de l'envie, ou de quelque traison!
Heureux qui peult long temps sans danger de poïson
Jouir d'un chapeau rouge, ou des clefz de Sainct
[Pierre!

Heureux qui sans péril peult la mer fréquenter!
Heureux qui sans procez le palais peult hanter!
Heureux qui peult sans mal vivre l'aage d'un homme!

Heureux qui sans soucy peult garder son trésor!
Sa femme sans souspçon, et plus heureux encor'
Qui a peu sans peler vivre trois ans à Rome!

XCV.

Maudict soit mille fois le Borgne de Libye,
Qui le cœur des rochers perçant de part en part,
Des Alpes renversa le naturel rampart,
Pour ouvrir le chemin de France en Italie.

Mars n'eust empoisonné d'une éternelle envie
Le cœur de l'Espaignol, et du François soldart,
Et tant de gens de bien ne seroyent en hasart
De venir perdre icy et l'honneur et la vie.

Le François corrompu par le vice estranger
Sa langue et son habit n'eust appris à changer,
Il n'eust changé ses mœurs en une autre nature.

Il n'eust point éprouvé le mal qui fait peler,
Il n'eust fait de son nom la vérole appeller,
Et n'eust fait si souvent d'un bufle sa monture.

XCVI.

O Déesse, qui peuls aux Princes égaler
Un pauvre mendiant, qui n'a que la parole,
Et qui peuls d'un grand roy faire un maistre d'es-
                                              [cole,
S'il te plaist de son lieu le faire dévaller :

Je ne te prie pas de me faire enroller
Au rang de ces messieurs que la faveur accolle,
Que lon parle de moy, et que mon renom vole
De l'aile dont tu fais ces grands Princes voler :

Je ne demande pas mille et mille autres choses,
Qui dessous ton pouvoir sont largement encloses,
Aussi je n'eu jamais de tant de biens soucy.

Je demande sans plus que le mien on ne mange,
Et que j'aye bien tost une lettre de change,
Pour n'aller sur le bufle au départir d'icy.

XCVII.

Doulcin, quand quelquefois je voy ces pauvres filles
Qui ont le diable au corps, ou le semblent avoir,
D'une horrible façon corps et teste mouvoir,
Et faire ce qu'on dit de ces vieilles Sibylles :

Quand je voy les plus forts se retrouver débiles,
Voulant forcer en vain leur forcené pouvoir :
Et quant mesme j'y voy perdre tout leur sçavoir
Ceulx qui sont en vostre art tenuz des plus habiles :

Quand effroyablement escrier je les oy,
Et quand le blanc des yeux renverser je leur voy,
Tout le poil me hérisse, et ne sçay plus que dire.

Mais quand je voy un moine avecque son Latin
Leur taster hault et bas le ventre et le tetin,
Ceste frayeur se passe, et suis contraint de rire.

6.

XCVIII.

D'où vient que nous voyons à Rome si souvent
Ces garses forcener, et la pluspart d'icelles
N'estre vieilles (Ronsard) mais d'aage de pucelles,
Et se trouver tousjours en un mesme convent?

Qui parle par leur voix? quel Démon leur défend
De respondre à ceulx-là qui ne sont cogneuz d'elles?
Et d'où vient que soudain on ne les voit plus telles,
Ayans une chandelle esteincte de leur vent?

D'où vient que les saincts lieux telles fureurs aug-
                                        [mentent?
D'où vient que tant d'espritz une seule tormentent?
Et que sortans les uns, le reste ne sort pas?

Dy, je te pry (Ronsard), toy qui sçais leurs natures :
Ceulx qui faschent ainsi ces pauvres créatures,
Sont-ilz des plus haultains, des moiens, ou plus bas?

XCIX.

Quand je vays par la rue, où tant de peuple abonde,
De prestres, de prélatz, et de moines aussi,
De banquiers, d'artisans, et n'y voyant, ainsi
Qu'on voit dedans Paris, la femme vagabonde :

Pyrrhe, après le dégast de l'universelle onde,
Ses pierres (di-je alors) ne sema point icy :
Et semble proprement, à voir ce peuple cy,
Que Dieu n'y ait formé que la moitié du monde.

Car la dame Romaine en gravité marchant',
Comme la conseillière, ou femme du marchand,
Ne s'y pourmène point, et n'y voit on que celles,

Qui se sont de la Court l'honneste nom donné :
Dont je crains quelquefois qu'en France retourné,
Autant que j'en voiray ne me resemblent telles.

C.

Ursin, quand j'oy nommer de ces vieux noms Ro-
[mains,
De ces beaux noms cogneus de l'Inde jusqu'au More,
Non les grands seulement, mais les moindres encore,
Voire ceulx-là qui ont les ampoulles aux mains :

Il me fasche d'ouir appeller ces villains
De ces noms tant fameux, que tout le monde honnore :
Et sans le nom Chrestien, le seul nom que j'adore,
Voudrois que de telz noms on appellast noz Saincts.

Le mien sur tous me fasche, et me fasche un Guil-
[laume,
Et mil autres sotz noms communs en ce royaume,
Voyant tant de faquins indignement jouir

De ces beaux noms de Rome, et de ceulx de la
[Grèce :
Mais par sur tout (Ursin) il me fasche d'ouir
Nommer une Thaïs du nom d'une Lucrèce.

CI.

Que dirons-nous (Melin) de ceste court Romaine,
Où nous voions chacun divers chemin tenir,
Et aux plus haults honneurs les moindres parvenir,
Par vice, par vertu, par travail, et sans peine ?

L'un fait pour s'avancer une despence vaine,
L'autre par ce moyen se voit grand devenir :
L'un par sévérité se sçait entretenir,
L'autre gaigne les cœurs par sa doulceur humaine :

L'un pour ne s'avancer se voit estre avancé,
L'autre pour s'avancer se voit désavancé,
Et ce qui nuit à l'un, à l'autre est profitable.

Qui dit que le sçavoir est le chemin d'honneur,
Qui dit que l'ignorance attire le bon heur,
Lequel des deux (Melin) est le plus véritable ?

CII.

On ne fait de tout bois l'image de Mercure,
Dit le proverbe vieil : mais nous voions icy
De tout bois faire Pape, et Cardinaulx aussi,
Et vestir en trois jours tout une autre figure.

Les princes et les rois viennent grands de nature,
Aussi de leurs grandeurs n'ont-ils tant de souci,
Comme ces Dieux nouveaux, qui n'ont que le sourci,
Pour faire révérer leur grandeur, qui peu dure.

Paschal, j'ay veu celuy qui n'aguères trainoit
Toute Rome après luy, quand il se pourmenoit,
Aveques trois valletz cheminer par la rue :

Et trainer après luy un long orgueil Romain
Celuy, de qui le père a l'ampoulle en la main,
Et l'aiguillon au poing se courbe à la charrue.

CIII.

Si la perte des tiens, si les pleurs de ta mère,
Et si de tes parents les regrets quelquefois,
Combien, cruel Amour, que sans amour tu sois,
T'ont fait sentir le deuil de leur compleinte amère :

C'est or' qu'il faut monstrer ton flambeau sans lu—
                       [mière,
C'est or' qu'il faut porter sans flesches ton carquois,
C'est or' qu'il faut briser ton petit arc Turquois,
Renouvelant le deuil de ta perte première.

Car ce n'est pas icy qu'il te fault regretter
Le père au bel Ascaigne : il te faut lamenter
Le bel Ascaigne mesme, Ascaigne, ô quel dommage !

Ascaigne, que Caraffe aymoit plus que ses yeux :
Ascaigne, qui passoit en beauté de visage
Le beau Couppier Troyen, qui verse à boire aux
                       [Dieux.

CIIII.

Si fruicts, raisins, et bledz, et autres telles choses,
Ont leur tronc, et leur sep, et leur semence aussi,
Et s'on voit au retour du printemps addoulci,
Naistre de toutes partz violettes, et roses :

Ny fruicts, raisins, ny bledz, ny fleurettes descloses
Sortiront (Viateur) du corps qui gist icy :
Aulx, oignons, et porreaux, et ce qui fleure ainsi,
Auront icy dessous leurs semences encloses.

Toy donc, qui de l'encens et du basme n'as point,
Si du grand Jules tiers quelque regret te poingt,
Parfume son tombeau de telle odeur choisie :

Puis que son corps, qui fut jadis égal aux Dieux,
Se souloit paistre icy de telz metz précieux,
Comme au ciel Jupiter se paist de l'ambrosie.

CV.

De voir mignon du Roy un courtisan honneste,
Voir un pauvre cadet l'ordre au col soustenir,
Un petit compagnon aux estatz parvenir,
Ce n'est chose (Morel) digne d'en faire feste.

Mais voir un estaffier, un enfant, une beste,
Un forfant, un poltron Cardinal devenir,
Et pour avoir bien sceu un singe entretenir
Un Ganymède avoir le rouge sur la teste :

S'estre veu par les mains d'un soldat Espagnol
Bien hault sur un eschelle avoir la corde au col
Celuy, que par le nom de Sainct-Père lon nomme :

Un bélistre en trois jours aux princes s'égaller,
Et puis le voir de là en trois jours dévaller :
Cès miracles (Morel) ne se font point qu'à Rome.

CVI.

Qui niera (Gillebert) s'il ne veult résister
Au jugement commun, que le siège de Pierre
Qu'on peult dire à bon droit un Paradis en terre,
Aussi bien que le ciel, n'ait son grand Juppiter ?

Les Grecz nous ont fait l'un sur Olympe habiter,
Dont souvent dessus nous ses fouldres il desserre
L'autre du Vatican délasche son tonnerre,
Quand quelque Roy l'a fait contre luy despiter.

Du Juppiter céleste un Ganymède on vante,
Le Thusque Juppiter en a plus de cinquante :
L'un de Nectar s'enyvre, et l'autre de bon vin.

De l'aigle l'un et l'autre a la défense prise,
Mais l'un hait les tyrans, l'autre les favorise :
Le mortel en cecy n'est semblable au divin.

CVII.

Où que je tourne l'œil, soit vers le Capitole,
Vers les baings d'Antonin, ou Dioclétien,
Et si quelqu'œuvre encor dure plus ancien
De la porte sainct Pol jusques à Ponte-mole :

Je déteste àpart-moy ce vieil Faucheur, qui vole,
Et le Ciel, qui ce tout a réduit en un rien :
Puis songeant que chacun peult répéter le sien,
Je me blasme, et cognois que ma complainte est fole.

Aussi seroit celuy par trop audacieux,
Qui vouldroit accuser ou le Temps ou les Cieux,
Pour voir une médaille, ou columne brisée.

Et qui sçait si les Cieux referont point leur tour,
Puis que tant de Seigneurs nous voyons chacun jour
Bastir sur la Rotonde, et sur le Collisée?

CVIII.

Je fuz jadis Hercule, or Pasquin je me nomme,
Pasquin fable du peuple, et qui fais toutefois
Le mesme office encor que j'ay fait autrefois,
Veu qu'ores par mes vers tant de monstres j'assomme.

Aussi mon vray mestier c'est de n'espargner homme,
Mais les vices chanter d'une publique voix :
Et si ne puis encor, quelque fort que je sois,
Surmonter la fureur de cet Hydre de Rome.

J'ay porté sur mon col le grand Palais des Dieux,
Pour soulager Atlas, qui sous le faiz des cieux
Courboit las et recreu sa grande eschine large.

Ores au lieu du ciel, je porte sur mon doz
Un gros moyne Espagnol, qui me froisse les oz,
Et me poise trop plus que ma première charge.

CIX.

Comme un, qui veult curer quelque Cloaque im-
[munde,
S'il n'a le nez armé d'une contresenteur,
Estouffé bien souvent de la grand' puanteur
Demeure ensevely dans l'ordure profonde :

Ainsi le bon Marcel ayant levé la bonde,
Pour laisser escouler la fangeuse espesseur
Des vices entassez, dont son prédécesseur
Avoit six ans devant empoisonné le monde :

Se trouvant le pauvret de telle odeur surpris,
Tomba mort au milieu de son œuvre entrepris,
N'ayant pas à demy ceste ordure purgée.

Mais quiconques rendra tel ouvrage parfait,
Se pourra bien vanter d'avoir beaucoup plus fait,
Que celuy qui purgea les estables d'Augée.

CX.

Quand mon Caraciol de leur prison desserre
Mars, les ventz, et l'hyver : une ardente fureur,
Une fière tempeste, une tremblante horreur
Ames, ondes, humeurs, ard, renverse, et reserre.

Quand il luy plait aussi de renfermer la guerre,
Et l'orage, et le froid : une amoureuse ardeur,
Une longue bonasse, une doulce tiédeur
Brusle, appaise, et résoult les cœurs, l'onde, et la
[terre.

Ainsi la paix à Mars il oppose en un temps,
Le beau temps à l'orage, à l'hyver le printemps,
Comparant Paule quart, avec Jules troisième.

Aussi ne furent onq' deux siècles plus divers,
Et ne se peult mieulx voir l'endroit par le revers,
Que mettant Jules tiers avec Paule quatrième.

CXI.

Je n'ay jamais pensé que ceste voulte ronde
Couvrist rien de constant : mais je veulx désormais,
Je veulx (mon cher Morel) croire plus que jamais,
Que dessous ce grand Tout rien ferme ne se fonde,

Puisque celuy qui fut de la terre et de l'onde
Le tonnerre et l'effroy, las de porter le faiz,
Veult d'un cloistre borner la grandeur de ses faicts,
Et pour servir à Dieu abandonner le monde.

Mais quoy ? que dirons-nous de cet autre vieillard,
Lequel ayant passé son aage plus gaillard
Au service de Dieu, ores César imite ?

Je ne sçay qui des deux est le moins abusé :
Mais je pense (Morel) qu'il est fort mal aisé,
Que l'un soit bon guerrier, ny l'autre bon hermite.

CXII.

Quand je voy ces Seigneurs, qui l'espée et la lance
Ont laissé pour vestir ce sainct orgueil Romain,
Et ceulx-là, qui ont pris le baston en la main,
Sans avoir jamais fait preuve de leur vaillance :

Quand je les vois (Ursin) si chiches d'audience,
Que souvent par quatre huiz on la mendie en vain :
Et quand je voy l'orgueil d'un Camérier hautain,
Lequel feroit à Job perdre la patience :

Il me souvient alors de ces lieux enchantez,
Qui sont en Amadis, et Palmerin chantez,
Desquelz l'entrée estoit si chèrement vendue.

Puis je dis : ô combien le Palais que je voy
Me semble différent du Palais de mon Roy,
Où l'on ne trouve point de chambre deffendue !

CXIII.

Avoir veu dévaller une triple Montagne,
Apparoir une Biche, et disparoir soudain,
Et dessus le tombeau d'un Empereur Romain
Une vieille Caraffe eslever pour enseigne :

Ne voir qu'entrer soldardz, et sortir en campagne,
Emprisonner seigneurs pour un crime incertain,
Retourner forussiz, et le Napolitain
Commander en son rang à l'orgueil de l'Espagne :

Force nouveaux seigneurs, dont les plus apparents
Sont de sa Saincteté les plus proches parents,
Et force Cardinaulx, qu'à grand' peine lon nomme :

Force brave chevaulx, et force haults colletz,
Et force favoriz, qui n'estoient que valletz :
Voilà (mon cher Dagaut) des nouvelles de Rome.

CXIV.

O trois et quatre fois malheureuse la terre,
Dont le prince ne voit que par les yeux d'autruy,
N'entend que par ceulx-là, qui respondent pour luy,
Aveugle, sourd, et mut, plus que n'est une pierre !

Tels sont ceulx-là (Seigneur) qu'aujourd'huy lon
[reserre
Oysifz dedans leur chambre, ainsi qu'en un estuy,
Pour durer plus long temps, et ne sentir l'ennuy,
Que sent leur pauvre peuple accablé de la guerre.

Ilʒ se paissent enfans de trompes et canons,
De fifres, de tabours, d'enseignes, gomphanons,
Et de voir leur province aux ennemis en proye.

Tel estoit cestui-là, qui du hault d'une tour,
Regardant undoyer la flamme tout autour,
Pour se donner plaisir chantoit le feu de Troye.

CXV.

O que tu es heureux, si tu cognois ton heur,
D'estre eschappé des mains de ceste gent cruelle,
Qui soubʒ un faulx semblant d'amitié mutuelle
Nous desrobbe le bien, et la vie, et l'honneur !

Où tu es (mon Dagaut) la secrette ranqueur,
Le soing qui comme un' hydre en nous se renouvelle,
L'avarice, l'envie, et la haine immortelle
Du chétif courtisan n'empoisonnent le cœur.

La molle oisiveté n'y engendre le vice,
Le serviteur n'y perd son temps et son service,
Et n'y mesdit on point de cil qui est absent :

La justice y a lieu, la foy n'en est banie,
Là ne sçait-on que c'est de prendre à compagnie,
A change, à cense, à stoc, et à trente pour cent.

CXVI.

Fuions (Dilliers) fuions ceste cruelle terre,
Fuions ce bord avare, et ce peuple inhumain,
Que des Dieux irritez la vengeresse main
Ne nous accable encor' soubs un mesme tonnerre.

Mars est désenchainé, le temple de la guerre
Est ouvert à ce coup : le grand prestre Romain
Veult fouldroier là bas l'hérétique Germain,
Et l'Espagnol marran, ennemis de sainct Pierre.

On ne voit que soldatz, enseignes, gonphanons,
On n'oit que tabourins, trompettes, et canons,
On ne voit que chevaux courans parmy la plaine :

On n'oit plus raisonner que de sang, et de feu,
Maintenant on voira, si jamais on l'a veu,
Comment se sauvera la nacelle Romaine.

CXVII.

Celuy vrayement estoit et sage, et bien appris,
Qui cognoissant du feu la semence divine
Estre des Animans la première origine,
De substance de feu dit estre noz espritz.

Le corps est le tison de ceste ardeur espris,
Lequel, d'autant qu'il est de matière plus fine,
Fait un feu plus luisant, et rend l'esprit plus digne
De monstrer ce qui est en soy-mesme compris.

Ce feu donques céleste, humble de sa naissance,
S'eslève peu-à-peu au lieu de son essence,
Tant qu'il soit parvenu au poinct de sa grandeur :

Adonc' il diminue, et sa force lassée,
Par faulte d'aliment en cendres abbaissée,
Sent faillir tout à coup sa languissante ardeur.

CXVIII.

Quand je voy ces Messieurs, desquelz l'auctorité
Se voit ores icy commander en son rang,
D'un front audacieux cheminer flanc à flanc,
Il me semble de voir quelque divinité.

Mais les voyant pallir lors que sa Saincteté
Crache dans un bassin, et d'un visage blanc
Cautement espier s'il y a point de sang,
Puis d'un petit soubriz feindre une seureté :

O combien (di-je alors) la grandeur que je voy,
Est misérable au pris de la grandeur d'un Roy !
Malheureux qui si cher achète tel honneur.

Vrayement le fer meurtrier, et le rocher aussi
Pendent bien sur le chef de ces Seigneurs icy,
Puis que d'un vieil filet dépend tout leur bonheur.

CXIX.

Brusquet à son retour vous racontera (Sire)
De ces rouges prélatz la pompeuse apparence,
Leurs mules, leurs habitz, leur longue révérence,
Qui se peult beaucoup mieulx représenter que dire.

Il vous racontera, s'il les sçait bien descrire,
Les mœurs de ceste court, et quelle différence
Se voit de ces grandeurs à la grandeur de France,
Et mille autres bons poincts, qui sont dignes de rire.

Il vous peindra la forme, et l'habit du sainct Père,
Qui, comme Jupiter, tout le monde tempère
Avecques un clin d'œil : sa faconde et sa grace,

L'honnesteté des siens, leur grandeur et largesse,
Les présentz qu'on luy feit, et de quelle caresse
Tout ce que se dit vostre à Rome l'on embrasse.

CXX.

Voicy le Carneval, menons chascun la sienne,
Allons baller en masque, allons nous pourmener,
Allons voir Marc Antoine ou Zany bouffonner,
Avec son Magnifique à la Vénitienne :

Voyons courir le pal à la mode ancienne,
Et voyons par le nez le sot bufle mener :
Voyons le fier taureau d'armes environner,
Et voyons au combat l'adresse Italienne :

Voyons d'œufz parfumez un orage gresler,
Et la fusée ardent' siffler menu par l'aer.
Sus donc despeschons nous, voicy la pardonnance :

Il nous fauldra demain visiter les saincts lieux,
Là nous ferons l'amour, mais ce sera des yeux,
Car passer plus avant c'est contre l'ordonnance.

CXXI.

Se fascher tout le jour d'une fascheuse chasse,
Voir un brave taureau se faire un large tour,
Estonné de se voir tant d'hommes alentour,
Et cinquante picquiers affronter son audace :

Le voir en s'élançant venir la teste basse,
Fuïr et retourner d'un plus brave retour,
Puis le voir à la fin pris en quelque destour,
Percé de mille coups ensanglanter la place :

Voir courir aux flambeaux, mais sans se rencontrer,
Donner trois coups d'espée, en armes se monstrer,
Et tout autour du camp un rampart de Thudesques :

Dresser un grand apprest, faire attendre long temps,
Puis donner à la fin un maigre passetemps :
Voilà tout le plaisir des festes Romanesques.

CXXII.

Cependant qu'au Palais de procez tu devises,
D'advocats, procureurs, présidents, conseillers,
D'ordonnances, d'arrestz, de nouveaux officiers,
De juges corrompuz, et de telles surprises :

Nous devisons icy de quelques villes prises,
De nouvelles de banque, et de nouveaux courriers,
De nouveaux Cardinaux, de mules, d'estaffiers,
De chappes, de rochetz, de masses, et valises :

Et ores (Sibilet) que je t'escry ceci,
Nous parlons de taureaux, et de buffles aussi,
De masques, de banquetz, et de telles despences :

Demain nous parlerons d'aller aux stations,
De motu-proprio, de réformations,
D'ordonnances, de briefz, de bulles, et dispenses.

CXXIII.

Nous ne sommes faschez que la trefve se face :
Car bien que nous soyons de la France bien loing,
Si est chascun de nous à soy-mesmes tesmoing,
Combien la France doit de la guerre estre lasse.

Mais nous sommes faschez que l'Espagnole audace,
Qui plus que le François de repoz a besoing,
Se vante avoir la guerre et la paix en son poing,
Et que de respirer nous luy donnons espace.

Il nous fasche d'ouir noz pauvres alliez
Se plaindre à tous propoz qu'on les ait oubliez,
Et qu'on donne au privé l'utilité commune.

Mais ce qui plus nous fasche, est que les estrangers
Disent plus que jamais, que nous sommes légers,
Et que nous ne sçavons cognoistre la Fortune :

CXXIIII.

Le Roy (disent icy ces baniz de Florence)
Du sceptre d'Italie est frustré désormais,
Et son heureuse main cet heur n'aura jamais
De reprendre aux cheveux la fortune de France.

Le Pape mal content n'aura plus de fiance
En tous ces beaux desseings trop légèrement faictz,
Et l'exemple Sienois rendra par ceste paix
Suspecte aux estrangers la Françoise alliance.

L'Empereur affoibly ses forces reprendra,
L'Empire héréditaire à ce coup il rendra,
Et paisible à ce coup il rendra l'Angleterre.

Voilà que disent ceulx, qui discourent du Roy :
Que leur respondrons-nous? Vineus, mande le moy,
Toy, qui sçais discourir et de paix et de guerre.

CXXV.

Dedans le ventre obscur, où jadis fut encloz
Tout cela qui depuis a remply ce grand vide,
L'air, la terre, et le feu, et l'élément liquide,
Et tout cela qu'Atlas soustient dessus son doz,

Les semences du Tout estoient encor' en gros,
Le chault avec le sec, le froid avec l'humide,
Et l'accord, qui depuis leur imposa la bride,
N'avoit encor' ouvert la porte du Caos :

Car la guerre en avoit la serrure brouillée,
Et la clef en estoit pour l'aage si rouillée,
Qu'en vain, pour en sortir, combatoit ce grand corps,

Sans la trefve (Seigneur) de la paix messagère,
Qui trouva le secret, et d'une main légère
La paix avec l'amour en fit sortir dehors.

CXXVI.

Tu sois la bien venue, ô bienheureuse trefve !
Trefve, que le Chrestien ne peult assez chanter,
Puis que seule tu as la vertu d'enchanter
De noz travaulx passez la souvenance grève.

Tu dois durer cinq ans : et que l'envie en crève :
Car si le ciel bening te permet enfanter
Ce qu'on attend de toy, tu te pourras vanter
D'avoir fait une paix, qui ne sera si brève.

Mais si le favory en ce commun repoz
Doit avoir désormais le temps plus à propoz
D'accuser l'innocent, pour luy ravir sa terre :

Si le fruict de la paix du peuple tant requis
A l'avare advocat est seulement acquis,
Trefve, va t'en en paix, et retourne la guerre.

CXXVII.

Icy de mille fards la traison se desguise,
Icy mille forfaitz pullulent à foison,
Icy ne se punit l'homicide ou poison,
Et la richesse icy par usure est acquise :

Icy les grands maisons viennent de bastardise,
Icy ne se croid rien sans humaine raison,
Icy la volupté est tousjours de saison,
Et d'autant plus y plaist, que moins elle est permise.

Pense le demourant. Si est-ce toutefois
Qu'on garde encor' icy quelque forme de loix,
Et n'en est point du tout la justice bannie :

Icy le grand seigneur n'achète l'action,
Et pour priver autruy de sa possession
N'arme son mauvais droit de force et tyrannie.

CXXVIII.

Ce n'est pas de mon gré (Carle) que ma navire
Erre en la mer Tyrrhène : un vent impétueux
La chasse maulgré moy par ces flots toriueux,
Ne voiant plus le pol, qui sa faveur t'inspire.

Je ne voy que rochers, et si rien se peult dire
Pire que des rochers le hurt audacieux :
Et le phare jadis favorable à mes yeux
De mon cours égaré sa lanterne retire.

Mais si je puis un jour me sauver des dangers
Que je fuy vagabond par ces flots estrangers,
Et voir de l'Océan les campagnes humides,

J'arresteray ma nef au rivage Gaulois,
Consacrant ma despouille au Neptune François,
A Glauque, à Mélicerte, et aux sœurs Néréides.

CXXIX.

Je voy (Dilliers) je voy seréner la tempeste,
Je voy le vieil Proté son troupeau renfermer,
Je voy le verd Triton s'égaier sur la mer,
Et voy l'Astre jumeau flamboier sur ma teste :

Jà le vent favorable à mon retour s'appreste,
Jà vers le front du port je commence à ramer,
Et voy jà tant d'amis, que ne les puis nommer,
Tendant les bras vers moy, sur le bord faire feste.

Je voy mon grand Ronsard, je le cognois d'ici,
Je voy mon cher Morel, et mon Dorat aussi,
Je voy mon Delahaie, et mon Paschal encore :

Et voy un peü plus loing (si je ne suis déçeü)
Mon divin Mauléon, duquel, sans l'avoir veu,
La grace, le sçavoir, et la vertu j'adore.

CXXX.

Et je pensois aussi ce que pensoit Ulysse,
Qu'il n'estoit rien plus doulx que voir encor' un jour
Fumer sa cheminée, et après long séjour
Se retrouver au sein de sa terre nourrice.

Je me resjouissois d'estre eschappé au vice,
Aux Circes d'Italie, aux Sirènes d'amour,
Et d'avoir rapporté en France à mon retour
L'honneur que l'on s'acquiert d'un fidèle service.

Las, mais après l'ennuy de si longue saison,
Mille souciz mordans je trouve en ma maison,
Qui me rongent le cœur sans espoir d'allégence.

Adieu donques (Dorat) je suis encor' Romain,
Si l'arc que les neuf sœurs te misrent en la main
Tu ne me preste icy, pour faire ma vangence.

CXXXI.

Morel, dont le sçavoir sur tout autre je prise,
Si quelqu'un de ceulx-la, que le Prince Lorrain
Guida dernièrement au rivage Romain,
Soit en bien, soit en mal, de Rome te devise :

Dy, qu'il ne sçait que c'est du siége de l'Église,
N'y aiant esprouvé que la guerre, et la faim,
Que Rome n'est plus Rome, et que celuy en vain
Présume d'en juger, qui bien ne l'a comprise.

Celuy qui par la rue a veu publiquement
La courtisanne en coche, ou qui pompeusement
L'a peu voir à cheval en accoustrement d'homme

Superbe se monstrer : celuy qui de plein jour
Aux Cardinaulx en cappe a veu faire l'amour,
C'est celuy seul (Morel) qui peult juger de Rome.

CXXXII.

Vineus, je ne viƷ onc si plaisante province,
Hostes si gracieux, ny peuple si humain,
Que ton petit Urbin, digne que soubs sa main
Le tienne un si gentil et si vertueux Prince.

Quant à l'estat du Pape, il fallut que j'apprinse
A prendre en patience et la soif et la faim :
C'est pitié, comme là le peuple est inhumain,
Comme tout y est cher, et comme lon y pinse.

Mais tout cela n'est rien au pris du Ferrarois,
Car je ne vouldrois pas pour le bien de deux roys,
Passer encor' un coup par si pénible enfer.

Bref, je ne sçay (Vineus) qu'en conclure à la fin,
Fors, qu'en comparaison de ton petit Urbin,
Le peuple de Ferrare est un peuple de fer.

CXXXIII.

Il fait bon voir (Magny) ces Coions magnifiques,
Leur superbe Arcenal, leurs vaisseaux, leur abbord,
Leur sainct Marc, leur Palais, leur Realté, leur
[port,
Leurs changes, leurs profitz, leur banque, et leurs
[trafiques :

Il fait bon voir le bec de leur chapprons antiques,
Leurs robbes à grand' manche, et leurs bonnetz sans
[bord,
Leur parler tout grossier, leur gravité, leur port,
Et leurs sages advis aux affaires publiques.

Il fait bon voir de tout leur Sénat balloter,
Il fait bon voir par tout leurs gondolles flotter,
Leurs femmes, leurs festins, leur vivre solitère :

Mais ce que lon en doit le meilleur estimer,
C'est quand ces vieux coquz vont espouser la mer,
Dont ilz sont les maris, et le Turc l'adultère.

CXXXIIII.

Celuy qui d'amitié a violé la loy,
Cerchant de son amy la mort et vitupère,
Celuy qui en procez a ruiné son frère,
Ou le bien d'un mineur a converty à soy :

Celuy qui a trahy sa patrie et son Roy,
Celuy qui comme Œdipe a fait mourir son père,
Celuy qui comme Oreste a fait mourir sa mère,
Celuy qui a nié son baptesme et sa foy :

Marseille, il ne fault point que pour la pénitence
D'une si malheureuse abominable offense,
Son estomac plombé martelant nuict et jour,

Il voise errant nudz pieds ne six ne sept années :
Que les Grysons sans plus il passe à ses journées,
J'entens, s'il veult que Dieu luy doibve du retour.

CXXXV.

La terre y est fertile, amples les édifices,
Les poelles bigarrez, et les chambres de bois,
La police immuable, immuables les loix,
Et le peuple ennemy de forfaitz et de vices.

Ilz boivent nuict et jour en Bretons et Suysses,
Ilz sont gras et refaits, et mangent plus que trois :
Voilà les compagnons et correcteurs des Roys,
Que le bon Rabelais a surnommez Saulcisses.

Ilz n'ont jamais changé leurs habitz et façons,
Ilz hurlent comme chiens leurs barbares chansons,
Ilz comptent à leur mode, et de tout se font croire :

Ilz ont force beaux lacz et force sources d'eau,
Force prez, force bois. J'ay du reste (Belleau)
Perdu le souvenir, tant ils me firent boire.

CXXXIV.

Je les ay veuz (Bizet) et si bien m'en souvient,
J'ay veu dessus leur front la repentance peinte,
Comme on voit ces esprits qui là-bas font leur
                                        [pleinte.
Ayant passé le lac d'où plus on ne revient.

Un croire de léger les folz y entretient
Soubz un prétexte faulx de liberté contrainte :
Les coulpables fuitifz y demeurent par crainte,
Les plus fins et rusez honte les y retient.

Au demeurant (Bizet) l'avarice et l'envie,
Et tout cela qui plus tormente nostre vie,
Domine en ce lieu là plus qu'en tout autre lieu.

Je ne viz onques tant l'un l'autre contre-dire,
Je ne viz onques tant l'un de l'autre mesdire :
Vray est; que, comme icy, lon n'y jure point Dieu.

CXXXVII.

Scève, je me trouvay comme le filz d'Anchise
Entrant dans l'Élysée, et sortant des enfers,
Quand après tant de monts de neiges tous couvers
Je viz ce beau Lyon, Lyon que tant je prise.

Son estroicte longueur, que la Sône divise,
Nourrit mil artisans, et peuples tous divers :
Et n'en desplaise à Londres, à Venise, et Anvers,
Car Lyon n'est pas moindre en faict de marchandise,

Je m'estonnay d'y voir passer tant de courriers,
D'y voir tant de banquiers, d'imprimeurs, d'armu-
                                        [riers,
Plus dru que lon ne voit les fleurs par les prairies.

Mais je m'estonnay plus de la force des pontz,
Dessus lesquelz on passe, allant delà les montz,
Tant de belles maisons, et tant de métairies.

CXXXVIII.

De-vaulx, la mer reçoit tout les fleuves du monde,
Et n'en augmente point : semblable à la grand'mer
Est ce Paris sans pair, ou lon voit abysmer
Tout ce qui là dedans de toutes parts abonde.

Paris est en sçavoir une Grèce féconde,
Une Rome en grandeur Paris on peult nommer,
Une Asie en richesse on le peult estimer,
En rares nouveautez une Afrique seconde.

Bref, en voyant (De-vaulx) ceste grande cité,
Mon œil, qui paravant était exercité
A ne s'esmerveiller des choses plus estranges,

Print esbaïssement. Ce qui ne me peult plaire,
Ce fut l'estonnement du badaud populaire,
La presse des chartiers, les procez, et les fanges.

CXXXIX.

Si tu veuls vivre en Court (Dilliers) souvienne-toy
De t'accoster tousjours des mignons de ton maistre :
Si tu n'es favori, faire semblant de l'estre,
Et de t'accommoder aux passetemps du Roy.

Souvienne-toy encor' de ne prester ta foy
Au parler d'un chacun, mais sur tout sois adextre
A t'aider de la gauche, autant que de la dextre,
Et par les mœurs d'autruy à tes mœurs donne loy.

N'avance rien du tien (Dilliers) que ton service,
Ne monstre que tu sois trop ennemy du vice,
Et sois souvent encor' muet, aveugle, et sourd.

Ne fay que pour autruy importun on te nomme,
Faisant ce que je dy, tu seras galland homme :
T'en souvienne (Dilliers) si tu veuls vivre en Court.

CXL.

Si tu veuls seurement en Court te maintenir,
Le silence. (Ronsard) te soit comme un décret.
Qui baille à son amy la clef de son secret,
Le fait de son amy son maistre devenir.

Tu dois encor' (Ronsard) ce me semble, tenir
Aveq' ton ennemy quelque moyen discret,
Et faisant contre luy, monstrer qu'à ton regret
Le seul devoir te fait en ces termes venir.

Nous voyons bien souvent une longue amitié
Se changer pour un rien en fière inimitié,
Et la haine en amour souvent se transformer,

Dont (veu le temps qui court) il ne fault s'esbaïr.
Ayme donques (Ronsard) comme pouvant haïr,
Haïs donques (Ronsard) comme pouvant aymer.

CXLI.

Amy, je t'apprendray (encores que tu sois,
Pour te donner conseil, de toy mesme asseʒ sage)
Comme jamais tes vers ne te feront oultrage,
Et ce qu'en tes escritʒ plus éviter tu dois.

Si de Dieu, ou du Roy tu parles quelquefois,
Fay que tu sois prudent, et sobre en ton langage :
Le trop parler de Dieu porte souvent dommage,
Et longues sont les mains des Princes et des Rois.

Ne t'attache à qui peult, si sa fureur l'allume,
 Vanger d'un coup d'espée un petit traict de plume,
 Mais presse (comme on dit) ta lèvre avec le doy.

Ceulx que de tes bons motz tu vois pasmer de rire,
 Si quelque oultrageux fol t'en veult faire desdire,
 Ce seront les premiers à se mocquer de toy.

CXLII.

Cousin, parle tousjours des vices en commun,
 Et ne discours jamais d'affaires à la table,
 Mais sur tout garde toy d'estre trop véritable,
 Si en particulier tu parles de quelqu'un.

Ne commets ton secret à la foy d'un chascun,
 Ne dy rien qui ne soit pour le moins vray-semblable :
 Si tu ments, que ce soit pour chose profitable,
 Et qui ne tourne point au déshonneur d'aucun.

Sur tout garde toy bien d'estre double en paroles,
 Et n'use sans propoz de finesses frivoles,
 Pour acquérir le bruit d'estre bon courtisan.

L'artifice caché c'est le vray artifice :
 La souris bien souvent périt par son indice,
 Et souvent par son art se trompe l'artisan.

CXLIII.

Biȝet, j'aymerois mieulx faire un bœuf d'un formy,
Ou faire d'une mousche un Indique éléphant,
Que le bon heur d'autruy par mes vers estoufant,
Me faire d'un chascun le publiq ennemy.

Souvent por un bon mot on perd un bon amy,
Et tel par ses bons motȝ croit (tant il est enfant)
S'estre mis sur la teste un chapeau triomphant,
A qui mieulx eust valu estre bien endormy.

La louange (Biȝet) est facile à chacun,
Mais la satyre n'est un ouvrage commun :
C'est, trop plus qu'on ne pense, un œuvre industrieux.

Il n'est rien si fascheux qu'un brocard mal plaisant,
Et fault bien (comme on dit) bien dire en mesdisant,
Veu que le louer mesme est souvent odieux.

CXLIIII.

Gordes, je sçaurois bien faire un conte à la table,
Et s'il estoit besoing, contrefaire le sourd :
J'en sçaurois bien donner, et faire à quelque lourd
Le vray ressembler faulx, et le faulx véritable.

Je me sçaurois bien rendre à chacun accointable,
Et façonner mes mœurs aux mœurs du temps qui
[court :
Je sçaurois bien prester (comme on dit à la Court)
Auprès d'un grand seigneur quelque œuvre chari-
[table.

Je sçaurois bien encor, pour me mettre en avant,
Vendre de la fumée à quelque poursuivant,
Et pour estre employé en quelque bon affaire,

Me feindre plus ruzé cent fois que je ne suis :
Mais ne le voulant point (Gordes) je ne le puis,
Et si ne blasme point ceulx qui le sçavent faire.

CXLV.

Tu t'abuses (Belleau) si pour estre sçavant,
Sçavant et vertueux, tu penses qu'on te prise :
Il fault (comme lon dit) estre homme d'entreprise,
Si tu veulx qu'à la Court on te pousse en avant.

Ces beaux noms de vertu, ce n'est rien que du vent :
Donques, si tu es sage, embrasse la feintise,
L'ignorance, l'envie, avec la convoitise :
Par ces artz jusqu'au ciel on monte bien souvent.

La science à la table est des seigneurs prisée,
Mais en chambre (Belleau) elle sert de risée :
Garde, si tu m'en crois, d'en acquérir le bruit.

L'homme trop vertueux desplait au populaire :
Et n'est-il pas bien fol, qui s'efforceant de plaire,
Se mesle d'un mestier que tout le monde fuit ?

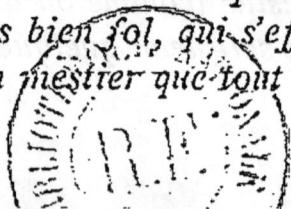

9

CXLVI.

Souvent nous faisons tort nous mesme' à notre ou-
[vrage :
Encor' que nous soyons de ceulx qui font le mieulx,
Soit par trop quelquefois contrefaire les vieux,
Soit par trop imiter ceulx qui sont de nostre aage.

Nous ostons bien souvent aux princes le courage
De nous faire du bien : nous rendant odieux,
Soit pour en demandant estre trop ennuyeux,
Soit pour trop nous louant aux autres faire oultrage.

Et puis nous nous plaignons de voir nostre labeur
Veuf d'applaudissement, de grâce, et de faveur,
Et de ce que chacun à son œuvre souhette.

Bref, loue qui vouldra son art, et son mestier,
Mais cestui-là (Morel) n'est pas mauvais ouvrier,
Lequel sans estre fol, peult estre bon poëte.

CXLVII.

Ne te fasche (Ronsard) si tu vois par la France
Fourmiller tant d'escriptz. Ceulx qui ont mérité
D'estre advouez pour bons de la postérité,
Portent leur sauf-conduit, et lettre d'asseurance.

Tout œuvre qui doit vivre, il a dès sa naissance
Un Démon qui le guide à l'immortalité :
Mais qui n'a rencontré telle nativité,
Comme fruict abortif, n'a jamais accroissance.

Virgile eut ce Démon, et l'eut Horace encor',
Et tous ceulx qui du temps de ce bon siècle d'or
Estoient tenuz pour bons : les autres n'ont plus vie.

Qu'eussions-nous leurs escriptz, pour voir de nostre
[temps
Ce qui aux anciens servoit des passetemps,
Et quelz estoient les vers d'un indocte Mévie.

CXLVIII.

Autant comme lon peult en un autre langage
Une langue exprimer, autant que la nature
Par l'art se peult monstrer, et que par la peinture
On peult tirer au vif un naturel visage :

Autant exprimes-tu, et encor d'avantage,
Aveques le pinceau de ta docte escriture,
La grace, la façon, le port, et la stature
De celuy, qui d'Énée a descript le voyage.

Ceste mesme candeur, ceste grace divine,
Ceste mesme douceur, et majesté Latine,
Qu'en ton Virgile on voit, c'est celle mesme encore,

Qui Françoise se rend par ta céleste veine.
Des-Masures, sans plus, a faulte d'un Mécène,
Et d'un autre César, qui ses vertuz honnore.

CXLIX.

Vous dictes (Courtisans) les Poëtes sont fouls,
Et dictes vérité : mais aussi dire j'ose,
Que telz que vous soiez, vous tenez quelque chose
De ceste doulce humeur qui est commune à tous.

Mais celle-là (Messieurs) qui domine sur vous,
En autres actions diversement s'expose :
Nous sommes fouls en rime, et vous l'estes en prose :
C'est le seul différent qu'est entre vous et nous.

Vray est que vous avez la Court plus favorable,
Mais aussi n'avez vous un renom si durable :
Vous avez plus d'honneurs, et nous moins de souci.

Si vous riez de nous, nous faisons la pareille :
Mais cela qui se dit s'en vole par l'oreille,
Et cela qui s'escript ne se perd pas ainsi.

CL.

Seigneur, je ne sçaurois regarder d'un bon œil
Ces vieux Singes de Court, qui ne sçavent rien faire
Sinon en leur marcher les Princes contrefaire,
Et se vestir, comme eulx, d'un pompeux appareil.

Si leur maistre se mocque, ilz feront le pareil,
S'il ment, ce ne sont eulx qui diront du contraire :
Plustost auront-ilz veu, à fin de luy complaire,
La Lune en plein midy, à minuict le Soleil.

Si quelqu'un devant eulx reçoit un bon visage,
Ilz le vont caresser, bien qu'ilz crèvent de rage :
S'il le reçoit mauvais, ilz le monstrent au doy.

Mais ce qui plus contre eulx quelquefois me despite,
C'est quand devant le Roy, d'un visage hypocrite,
Ilz se prennent à rire, et ne sçavent pourquoy.

CLI.

Je ne te prie pas de lire mes escripts,
Mais je te prie bien qu'ayant fait bonne chère,
Et joué toute nuict au dez, à la première,
Et au jeu que Vénus t'a sur tous mieux appris,

Tu ne viennes icy desfascher tes esprits,
Pour te mocquer des vers que je metz en lumière,
Et que de mes escripts la leçon coustumière,
Par faulte d'entretien, ne te serve de ris.

Je te priray encor', quiconcques tu puisse' estre,
Qui, brave de la langue, et foible de la dextre,
De blesser mon renom te monstres tousjours prest,

Ne mesdire de moy : ou prendre patience,
Si ce que ta bonté me preste en conscience,
Tu te le vois par moy rendre à double intérest.

CLII.

Si mes escripts (Ronsard) sont semez de ton loz,
Et si le mien encor tu ne dédaignes dire,
D'estre encloz en mes vers ton honneur ne désire,
Et par là je ne cherche en tes vers estre encloz.

Laissons donc, je te pry, laissons causer ces sotz,
Et ces petitz gallandz, qui ne sachant que dire,
Disent, voyant Ronsard et Bellay s'entr'escrire,
Que ce sont deux muletz qui se grattent le doz.

Noz louanges (Ronsard) ne font tort à personne :
Et quelle loy défend que l'un à l'autre en donne,
Si les amis entre eulx des présens se font bien ?

On peult comme l'argent trafiquer la louange,
Et les louanges sont comme lettres de change,
Dont le change et le port (Ronsard) ne couste rien

CLIII.

On donne les degrez au sçavant escolier,
On donne les estatz à l'homme de justice,
On donne au courtisan le riche bénéfice,
Et au bon capitaine on donne le collier :

Ou donne le butin au brave avanturier,
On donne à l'officier les droits de son office,
On donne au serviteur le gaing de son service,
Et au docte poëte on donne le laurier.

Pourquoy donc fais-tu tant lamenter Calliope,
Du peu de bien qu'on fait à sa gentile troppe?
Il fault (Jodelle) il fault autre labeur choisir,

Que celuy de la Muse, à qui veult qu'on l'avance :
Car quel loyer veuls-tu avoir de ton plaisir,
Puis que le plaisir mesme en est la récompense?

CLIIII.

Si tu m'en crois (Baïf) tu changeras Parnasse
Au palais de Paris, Hélicon au parquet,
Ton laurier en un sac, et ta lyre au caquet,
De ceux qui pour serrer, la main n'ont jamais lasse.

C'est à ce mestier là, que les biens on amasse,
Non à celuy des vers : où moins y a d'acquêt,
Qu'au mestier d'un boufon, ou celuy d'un naquet.
Fy du plaisir (Baïf) qui sans profit se passe.

Laissons donq, je te pry, ces babillardes Sœurs,
Ce causeur Apollon, et ces vaines doulceurs,
Qui pour tout leur trésor n'ont que des lauriers verds :

Aux choses de profit, ou celles qui font rire,
Les grands ont aujourdhuy les oreilles de cire,
Mais ilz les ont de fer, pour escouter les vers.

CLV.

Thiard, qui as changé en plus grave escritture
Ton doulx stile amoureux : Thiard, qui nous as
[fait
D'un Pétrarque un Platon, et si rien plus parfait
Se trouve que Platon, en la mesme nature :

Qui n'admire du ciel la belle architecture,
Et de tout ce qu'on voit les causes et l'effect,
Celuy vrayment doit estre un homme contrefait,
Lequel n'a rien d'humain, que la seule figure.

Contemplons donc (Thiard) ceste grand' voulte ronde,
Puis que nous sommes faits à l'exemple du monde :
Mais ne tenons les yeulx si attachez en hault,

Que pour ne les baisser quelquefois vers la terre,
Nous soions en danger, par le hurt d'une pierre,
De nous blesser le pied, ou de prendre le sault.

CLVI.

Par ses vers Teïens Belleau me fait aymer
Et le vin, et l'amour : Baïf, ta challemie
Me fait plus qu'une royne une rustique amie,
Et plus qu'une grand' ville un village estimer.

Le docte Pelletier fait mes flancz emplumer,
Pour voler jusqu'au ciel avec son Uranie :
Et par l'horrible effroy d'une estrange armonie
Ronsard de pié en cap hardy me fait armer.

Mais je ne scay comment ce Démon de Jodelle,
(Démon est-il vrayment, car d'une voix mortelle
Ne sortent point ses vers) tout soudain que je l'oy,

M'aguillonne, m'espoingt, m'espovante, m'affolle,
Et comme Apollon fait de sa prestresse folle,
A moymesmes m'ostant, me ravit tout à soy.

CLVII.

En ce pendant (Clagny) que de mil argumens
Variant le desseing du royal édifice,
Tu vas renouvelant d'un hardy frontispice
La superbe grandeur des plus vieux monumens,

Avec d'autres compaz, et d'autres instrumens,
Fuyant l'ambition, l'envie, et l'avarice,
Aux Muses je bastis, d'un nouvel artifice,
Un palais magnifique à quatre appartemens.

Les Latines auront un ouvrage Dorique
Propre à leur gravité, les Greques un Attique
Pour leur naïfveté, les Françoises auront

Pour leur grave doulceur une œuvre Ionienne :
D'ouvrage élabouré à la Corinthienne
Sera le corps d'hostel, où les Thusques seront.

CLVIII.

De ce Royal palais, que bastiront mes doigts,
Si la bonté du Roy me fournit de matière,
Pour rendre sa grandeur et beauté plus entière,
Les ornemens seront de traicts et d'arcs turquois.

Là d'ordre flanc à flanc se voyront tous noz Roys,
Là se voyra maint Faune, et Nymphe passagère :
Sur le portail sera la Vierge forestière,
Aveques son croissant, son arc, et son carquois.

L'appartement premier Homère aura pour marque,
Virgile le second, le troisième Pétrarque,
Du surnom de Ronsard le quatrième on dira.

Chacun aura sa forme et son architecture,
Chacun ses ornemens, sa grace et sa peinture,
Et en chascun (Clagny) ton beau nom se lira.

CLIX.

De vostre Dianet (de vostre nom j'appelle
Vostre maison d'Anet) la belle architecture,
Les marbres animez, la vivante peincture,
Qui la font estimer des maisons la plus belle :

Les beaux lambriz dorez, la luisante chappelle,
Les superbes dongeons, la riche couverture,
Le jardin tapissé d'éternelle verdure,
Et la vive fonteine à la source immortelle :

Ces ouvrages (Madame) à qui bien les contemple,
Rapportant de l'antiq' le plus parfait exemple,
Monstrent un artifice, et despence admirable.

Mais ceste grand' doulceur jointe à ceste haultesse,
Et cet Astre benin joint à ceste sagesse,
Trop plus que tout cela vous font esmerveillable.

CLX.

Entre tous les honneurs, dont en France est cogneu
Ce renommé Bertran, des moindres n'est celuy:
Que luy donne la Muse, et qu'on dise de luy,
Que par lui un Salel soit riche devenu.

Toy donc, à qui la France a dès-jà retenu
L'un de ses plus beaux lieux, comme seul aujourd'huy
Où les arts ont fondé leur principal appuy,
Quand au lieu qui t'attend tu seras parvenu :

Fay que de ta grandeur ton Magny se resente,
A fin que si Bertran de son Salel se vante,
Tu te puisses aussi de ton Magny vanter.

Tous deux sont Quercinois, tous deux bas de stature :
Et ne seroient pas moins semblables d'escriture,
Si Salel avoit sceu plus doulcement chanter.

CLXI.

Prélat, à qui les cieulx ce bon heur ont donné,
D'estre aggréable aux Rois : Prélat, dont la pru-
                                                    [dence
Par les degrez d'honneur a mis en évidence,
Que pour le bien public Dieu t'avoit ordonné :

Prélat, sur tous prélatz sage et bien fortuné,
Prélat, garde des loix, et des seaulx de la France,
Digne que sur ta foy repose l'asseurance
D'un Roy le plus grand Roy qui fut onq' couronné :

Devant que t'avoir veu j'honnorois ta sagesse,
Ton sçavoir, ta vertu, ta grandeur, ta largesse,
Et si rien entre nous se doit plus honnorer :

Mais ayant esprouvé ta bonté nompareille,
Qui souvent m'a presté si doulcement l'oreille,
Je souhaite qu'un jour je te puisse adorer.

CLXII.

Après s'estre basty sus les murs de Carthage
Un sépulchre éternel, Scipion irrité
De voir à sa vertu ingrate sa cité,
Se banit de soy mesme en un petit village.

Tu as fait (Olivier) mais d'un plus grand courage,
Ce que fit Scipion en son adversité,
Laissant, durant le cours de ta félicité,
La Court, pour vivre à toy le reste de ton aage.

Le bruit de Scipion maint coursaire attiroit
Pour contempler celuy que chascun admiroit,
Bien qu'il fust retiré en son petit Linterne.

On te fait le semblable : admirant ta vertu,
D'avoir laissé la Court, et ce monstre testu,
Ce peuple qui ressemble à la beste de Lerne.

CLXIII.

Il ne fault point (Duthier) pour mettre en évidence
Tant de belles vertus qui reluisent en toy,
Que je te rende icy l'honneur que je te doy,
Célébrant ton sçavoir, ton sens, et ta prudence.

Le bruit de ta vertu est tel, que l'ignorance
Ne le peult ignorer : et qui loue le Roy,
Il fault qu'il loue encor' ta prudence, et ta foy :
Car ta gloire est conjointe à la gloire de France.

Je diray seulement que depuis noz ayeux
La France n'a point veu un plus laborieux
En sa charge que toy, et qu'autre ne se treuve

Plus courtois, plus humain, ne qui ait plus de soing
De secourir l'amy à son plus grand besoing.
J'en parle seurement, car j'en ay fait l'espreuve.

CLXIIII.

Combien que ton Magny ait la plume si bonne,
Si prendrois-je avec luy de tes vertus le soing,
Sachant que Dieu, qui n'a de noʒ présens besoing,
Demande les présens de plus d'une personne.

Je dirois ton beau nom, qui de luy-mesme sonne
Ton bruit parmy la France, en Itale, et plus loing :
Et dirois que Henry est luy-mesme tesmoing,
Combien un Avanson avance sa couronne.

Je dirois ta bonté, ta justice, et ta foy,
Et mille autres vertus qui reluisent en toy,
Dignes qu'un seul Ronsard les sacre à la Mémoire :

Mais sentant le soucy qui me presse le doʒ,
Indigne je me sens de toucher à ton loʒ,
Sachant que Dieu ne veult qu'on prophane sa gloire.

CLXV.

Quand je voudray sonner de mon grand Avanson
Les moins grandes vertus, sur ma chorde plus basse
Je dirai sa faconde, et l'honneur de sa face,
Et qu'il est des neuf Sœurs le plus cher nourrisson.

Quand je voudray toucher avec un plus hault son
Quelque plus grand' vertu, je chanteray sa grace,
Sa bonté, sa grandeur, qui la justice embrasse,
Mais là je ne mettray le but de ma chanson.

Car quand plus hautement je sonneray sa gloire,
Je diray que jamais les filles de Mémoire
Ne diront un plus sage, et vertueux que luy :

Plus prompt à son devoir, plus fidèle à son Prince,
Ne qui mieulx s'accommode au règne d'aujourdhuy,
Pour servir son Seigneur en estrange province.

CLXVI.

Combien que ta vertu (Poulin) soit entendue
Par tout où des François le bruit est entendu,
Et combien que ton nom soit au large estendu,
Autant que la grand' mer est au large estendue :

Si fault-il toutefois que Bellay s'esvertue,
Aussi bien que la mer, de bruire ta vertu,
Et qu'il sonne de toy avec l'œrain tortu,
Ce que sonne Triton de sa trompe tortue.

Je diray que tu es le Tiphys du Jason,
Qui doit par ton moyen conquérir la toison,
Je diray ta prudence, et ta vertu notoire :

Je diray ton pouvoir qui sur la mer s'estent,
Et que les Dieux marins te favorisent tant,
Que les terrestres Dieux sont jalouz de ta gloire.

CLXVII.

Sage De-l'Hospital, qui seul de nostre France
Rabaisses aujourdhuy l'orgueil Italien,
Et qui nous monstres seul, d'un art Horatien,
Comme il fault chastier le vice et l'ignorance :

Si je voulois louer ton sçavoir, ta prudence,
Ta vertu, ta bonté, et ce qu'est vrayment tien,
A tes perfections je n'adjousterois rien,
Et pauvre me rendroit la trop grand' abondance.

Et qui pourroit, bons Dieux ! faire plus digne foy
Des rares qualitez qui reluisent en toy,
Que ceste autre Pallas, ornement de notre aage?

Ainsi jusqu'aujourdhuy, ainsi encor' voit-on
Estre tant renommé le maistre de Platon,
Pource qu'il eut d'un dieu la voix pour tesmoignage.

CLXVIII.

Nature à vostre naistre heureusement féconde,
Prodigue vous donna tout son plus et son mieux,
Soit ceste grand' doulceur qui luit dedans voz yeux,
Soit ceste majesté disertement faconde.

Vostre rare vertu, qui n'a point de seconde,
Et vostre esprit ailé, qui voisine les cieulx,
Vous ont donné le lieu le plus prochain des Dieux,
Et la plus grand' faveur du plus grand Roy du
                                              [monde.

Bref, vous avez tout seul tout ce qu'on peult avoir
De richesse, d'honneur, de grace, et de sçavoir :
Que voulez-vous donc plus espérer d'avantage ?

Le libre jugement de la postérité,
Qui, encor' qu'ell' assigne au ciel vostre partage,
Ne vous donnera pas ce qu'avez mérité.

CLXIX.

La fortune (Prélat) nous voulant faire voir
Ce qu'elle peult sur nous, a choisi de nostre aage
Celuy qui de vertu, d'esprit, et de courage
S'estoit le mieulx armé encontre son pouvoir.

Mais la vertu qui n'est apprise à s'esmouvoir,
Non plus que le rocher se meut contre l'orage,
Dontera la fortune, et contre son oultrage
De tout ce qui luy fault, se sçaura bien pourvoir.

Comme ceste vertu immuable demeure,
Ainsi le cours du ciel se change d'heure en heure.
Aidez-vous donq (Seigneur) de vous mesme' au be-
⌊soing,

Et joyeux attendez la saison plus prospère,
Qui vous doit ramener vostre oncle et votre frère
Car et d'eux et de vous le ciel a pris le soing.

CLXX.

Ce n'est pas sans propoz qu'en vous le ciel a mis
Tant de beautez d'esprit, et de beautez de face,
Tant de royal honneur, et de royale grace,
Et que plus que cela vous est encor' promis.

Ce n'est pas sans propoz que les Destins amis,
Pour rabaisser l'orgueil de l'Espagnole audace,
Soit par droit d'alliance, ou soit par droit de race,
Vous ont par leurs arrestz trois grans peuples
[soubmis.

Ilz veulent que par vous la France, et l'Angleterre
Changent en longue paix l'héréditaire guerre,
Qui a de père en filz si longuement duré :

Ilz veulent que par vous la belle vierge Astrée
En ce Siècle de fer reface encor' entrée,
Et qu'on renvoye encor' le beau Siècle doré.

CLXXI.

Muse, qui autrefois chantas la verde Olive,
Empenne tes deux flancs d'une plume nouvelle,
Et te guindant au ciel avecques plus haulte aile,
Vole où est d'Apollon la belle plante vive.

Laisse (mon cher souci) la paternelle rive,
Et portant désormais une charge plus belle,
Adore ce hault nom, dont la gloire immortelle
De nostre pole arctiq' à l'autre pole arrive.

Loue l'esprit divin, le courage indontable,
La courtoise doulceur, la bonté charitable,
Qui soustient la grandeur, et la gloire de France.

Et dy, ceste Princesse et si grande et si bonne,
Porte dessus son chef de France la couronne :
Mais dy cela si hault, qu'on l'entende à Florence.

CLXXII.

Digne filz de Henry, nostre Hercule Gaulois,
Nostre second espoir, qui porte sus ta face
Retraicte au naturel la maternelle grace,
Et gravée en ton cœur la vertu de Vallois :

Ce pendant que le ciel, qui jà dessous tes loix
Trois peuples a soubmis, armera ton audace
D'une plus grand' vigueur, suy ton père à la trace,
Et apprens à donter l'Espagnol, et l'Anglois.

Voicy de la vertu la pénible montée,
Qui par le seul travail veult estre surmontée :
Voilà de l'autre part le grand chemin battu,

Où au séjour du vice on monte sans eschelle.
Deçà (Seigneur) deçà, où la vertu t'appelle,
Hercule se feit Dieu par la seule vertu.

CLXXIII.

La Grecque poësie orgueilleuse se vante
Du loz qu'à son Homère Alexandre donna,
Et les vers que César de Virgile sonna,
La Latine aujourdhuy les chante et les rechante.

La Françoise qui n'est tant que ces deulx sçavante,
Comme qui son Homère et son Virgile n'a,
Maintient que le Laurier qui François couronna,
Baste seul pour la rendre à tout jamais vivante.

Mais les vers qui l'ont mise encor' en plus hault pris,
Sont les vostres (Madame) et ces divins escripts
Que mourant nous laissa la Royne vostre mère.

O poësie heureuse, et bien digne des Roys,
De te pouvoir vanter des escripts Navarrois,
Qui t'honnorent trop plus qu'un Virgile ou Homère

CLXXIV.

Dans l'enfer de son corps mon esprit attaché
(Et cet enfer, Madame, a esté mon absence)
Quatre ans et d'avantage a fait la pénitence
De tous les vieux forfaits dont il fut entaché.

Ores, graces aux Dieux, or' il est relaché
De ce pénible enfer, et par vostre présence
Réduit au premier poinct de sa divine essence,
A déchargé son doz du fardeau de péché.

Ores sous la faveur de voz graces prisées,
  jouit du repoz des beaux champs Elysées,
Et si n'a volunté d'en sortir jamais hors.

Donques, de l'eau d'oubly ne l'abbreuvez, Madame,
De peur qu'en la beuvant nouveau désir l'enflamme
De retourner encor dans l'enfer de son corps.

CLXXV.

Non pource qu'un grand Roy ait esté vostre père,
Non pour vostre degré, et royale haulteur,
Chacun de vostre nom veult estre le chanteur,
Ny pource qu'un grand Roy soit ores vostre frère.

La nature, qui est de tous commune mère,
Vous fit naistre (Madame) aveques ce grand heur,
Et ce qui accompagne une telle grandeur,
Ce sont souvent des dons de fortune prospère.

Ce qui vous fait ainsi admirer d'un chascun,
C'est ce qui est tout vostre, et qu'avec vous commun
N'ont tous ceulx-là qui ont couronnes sur leurs testes:

Ceste grace, et doulceur, et ce je ne sçay quoy,
Que quand vous ne seriez fille, ny sœur de Roy,
Si vous jugeroit-on estre ce que vous estes.

CLXXVI.

Esprit Royal, qui prens de lumière éternelle
Ta seule nourriture, et ton accroissement,
Et qui de tes beaux raiz en nostre entendement
Produis ce hault désir, qui au ciel nous r'appelle,

N'apperçoy-tu combien par ta vive estincelle
La vertu luit en moy? n'as-tu point sentiment
Par l'œil, l'ouïr, l'odeur, le goust, l'attouchement,
Que sans toy ne reluit chose aucune mortelle?

Au seul object divin de ton image pure
Se meut tout mon penser, qui par la souvenance
De ta haulte bonté tellement se r'assure,

Que l'ame et le vouloir ont pris mesme asseurance
(Chassant tout appétit et toute vile cure)
De retourner au lieu de leur première essence.

CLXXVII.

Si la vertu, qui est de nature immortelle,
Comme immortelles sont les semences des cieulx,
Ainsi qu'à noz esprits, se monstroit à nos yeux,
Et noz sens hébétez estoient capables d'elle,

Non ceulx-là seulement qui l'imaginent telle,
Et ceulx ausquelz le vice est un monstre odieux,
Mais on verroit encor les mesmes vicieux
Épris de sa beauté, des beautez la plus belle.

Si tant aymable donc seroit ceste vertu
A qui la pourroit voir : Vineus, t'esbahis-tu
Si j'ay de ma Princesse au cœur l'image empreinte ?

Si sa vertu j'adore, et si d'affection
Je parle si souvent de sa perfection,
Veu que la vertu mesme en son visage est peinte ?

CLXXVIII.

Quand d'une doulce ardeur doulcement agité
J'userois quelque fois en louant ma Princesse
Des termes d'adorer, de céleste ou Déesse,
Et ces tiltres qu'on donne à la Divinité,

Je ne craindrois (Melin) que la postérité
Appellast pour cela ma Muse flateresse :
Mais en louant ainsi sa royale haultesse,
Je craindrois d'offenser sa grande humilité.

L'antique vanité aveques telz honneurs
Souloit idolâtrer les Princes et Seigneurs :
Mais le Chrestien qui met ces termes en usage,

Il n'est pas pour cela idolâtre ou flateur :
Car en donnant de tout la gloire au Créateur,
Il loue l'ouvrier mesme, en louant son ouvrage.

CLXXIX.

Voyant l'ambition, l'envie, et l'avarice,
La rancune, l'orgueil, le désir aveuglé,
Dont cet aage de fer de vices tout rouglé
A violé l'honneur de l'antique justice :

Voyant d'une autre part la fraude, la malice,
Le procez immortel, le droit mal conseillé :
Et voyant au milieu du vice déreiglé
Ceste royale fleur, qui ne tient rien du vice :

Il me semble (Dorat) voir au ciel revolez
Des antiques vertuz les escadrons ailez,
N'ayans rien délaissé de leur saison dorée

Pour réduire le monde à son premier printemps,
Fors ceste Marguerite, honneur de nostre temps,
Qui comme l'espérance, est seule demeurée.

CLXXX.

De quelque autre subject, que j'escrive, Jodelle,
Je sens mon cœur transi d'une morne froideur,
Et ne sens plus en moy ceste divine ardeur,
Qui t'enflamme l'esprit de sa vive estincelle.

Seulement quand je veulx toucher le loz de celle
Qui est de nostre siècle et la perle, et la fleur,
Je sens revivre en moy ceste antique chaleur,
Et mon esprit lassé prendre force nouvelle.

Bref, je suis tout changé, et si ne scay comment,
Comme on voit se changer la vierge en un moment,
A l'approcher du Dieu qui telle la fait estre.

D'où vient cela, Jodelle? il vient, comme je croy,
Du subject, qui produit naïvement en moy
Ce que par art contraint les autres y font naistre.

CLXXXI.

Ronsard, j'ay veu l'orgueil des Colosses antiques,
Les théâtres en rond ouvers de tous costez,
Les columnes, les arcz, les haults temples voultez,
Et les sommets pointus de carrez obélisques.

J'ay veu des Empereurs les grands thermes publiques,
J'ay veu leurs monuments que le temps a dontez,
J'ay veu leurs beaux palais que l'herbe a surmontez
Et des vieux murs Romains les pouldreuses reliques.

Bref, j'ay veu tout cela que Rome a de nouveau,
De rare, d'excellent, de superbe, et de beau :
Mais je n'y ay point veu encores si grand' chose

Que ceste Marguerite, où semble que les cieux,
Pour effacer l'honneur de tous les siècles vieux,
De leurs plus beaux présens ont l'excellence enclose.

CLXXXII.

Je ne suis pas de ceulx qui robent la louange,
Fraudant indignement les hommes de valeur,
Ou qui changeant le noir à la blanche couleur
Sçavent, comme l'on dit, faire d'un diable un ange.

Je ne fay point valoir, comme un trésor estrange,
Ce que vantent si hault noʒ marcadants d'honneur,
Et si ne cherche point que quelque grand seigneur
Me baille pour des vers des biens en contr'eschange.

Ce que je quiers (Gournay) de ceste sœur de Roys,
Que j'honnore, révère, admire comme toy,
C'est que de la louer sa bonté me dispense,

Puis qu'elle est de mes vers le plus louable object :
Car en louant (Gournay) si louable subject,
Le loʒ que je m'acquiers, m'est trop grand' récom-
                                        [pense.

CLXXXIII.

Morel, quand quelquefois je perds le temps à lire
Ce que font aujourd'huy noʒ trafiqueurs d'honneurs,
Je ry de voir ainsi desguiser ces Seigneurs,
Desquelʒ (comme lon dit) ilʒ font comme de cire.

Et qui pourroit, bons dieux ! se contenir de rire
Voyant un corbeau peint de diverses couleurs,
Un pourceau couronné de roses et de fleurs,
Ou le pourtrait d'un asne accordant une lyre ?

La louange, à qui n'a rien de louable en soy,
Ne sert que de le faire à tous monstrer au doy,
Mais elle est le loyer de cil qui la mérite.

C'est ce qui fait (Morel) que si mal voluntiers
Je diz ceulx, dont le nom fait rougir les papiers,
Et que j'ay si fréquent celuy de Marguerite.

CLXXXIIII.

Celuy qui de plus près attaint la Déité,
Et qui au ciel (Bouju) vole de plus haulte aile,
C'est celuy qui suivant la vertu immortelle,
Se sent moins du fardeau de nostre humanité.

Celuy qui n'a des Dieux si grand félicité,
L'admire toutefois comme une chose belle,
Honnore ceulx qui l'ont, se monstre amoureux d'elle,
Il a le second ranc, ce semble, mérité.

Comme au premier je tends d'aile trop foible et basse,
Ainsi je pense avoir au second quelque place :
Et comment puis-je mieux le second mériter,

Qu'en louant ceste fleur, dont le vol admirable,
Pour gaigner du premier le lieu plus honnorable
Ne laisse rien icy qui la puisse imiter ?

CLXXXV.

Quand ceste belle fleur premièrement je vy,
Qui nostre aage de fer de ses vertuz redore,
Bien que sa grand' valeur je ne cogneusse encore,
Si fus-je en la voyant de merveille ravy.

Depuis ayant le cours de fortune suivy
Où le Tybre tortu de jaune se colore,
Et voyant ces grands dieux que l'ignorance adore,
Ignorans, vicieux, et meschans à l'envy :

Alors (Forget) alors ceste erreur ancienne,
Qui n'avoit bien cogneu ta Princesse et la mienne,
La venant à revoir, se dessilla les yeux :

Alors je m'apperceu qu'ignorant son mérite,
J'avois, sans la cognoistre, admiré Marguerite,
Comme, sans les cognoistre, on admire les cieux.

CLXXXVI.

La jeunesse (Du-val) jadis me fit escrire
De cest aveugle archer, qui nous aveugle ainsi,
Puis fasché de l'Amour, et de sa mère aussi,
Les louanges des Roys j'accorday sur ma lyre.

Ores je ne veulx plus telz argumens eslire,
Ains je veulx, comme toy, poingt d'un plus hault souci,
Chanter de ce grand Roy, dont le grave sourci
Fait trembler le céleste et l'infernal empire.

Je veux chanter de Dieu. Mais pour bien le chanter,
Il fault d'un avant-jeu ses louanges tenter,
Louant, non la beauté de ceste masse ronde,

Mais ceste fleur, qui tient encor' un plus beau lieu :
Car comme elle est (Du-val) moins parfaitte que Dieu,
Aussi l'est elle plus que le reste du monde.

CLXXXVII.

Bucanan, qui d'un vers aux plus vieux comparable
Le surnom de Sauvage ostes à l'Écossois,
Si j'avois Apollon facile en mon François,
Comme en ton Grec tu l'as, et Latin favorable,

Je ne ferois monter, spectacle misérable,
Dessus un échafault les misères des Rois :
Mais je rendrois par tout d'une plus doulce voix
Le nom de Marguerite aux peuples admirable :

Je dirois ses vertuz, et dirois que les cieux,
L'ayant fait naistre icy d'un temps si vicieux
Pour estre l'ornement, et la fleur de son aage,

N'ont moins en cest endroit demonstré leur sçavoir,
Leur pouvoir, leur vertu, que les Muses d'avoir
Fait naistre un Bucanan de l'Écosse sauvage.

CLXXXVIII.

Paschal, je ne veulx point Jupiter assommer,
Ny, comme fit Vulcan, luy rompre la cervelle,
Pour en tirer dehors une Pallas nouvelle,
Puis qu'on veult de ce nom ma Princesse nommer.

D'un effroyable armet je ne la veulx armer,
Ny de ce que du nom d'une chèvre on appelle,
Et moins pour avoir veu sa Gorgonne cruelle,
Veulx-je en nouveaux cailloux les hommes trans-
                                            [former.

Je ne veulx déguiser ma simple poësie
Sous le masque emprunté d'une fable moisie,
Ny souiller un beau nom de monstres tant hideux :

Mais suivant, comme toy, la véritable histoire,
D'un vers non fabuleux je veulx chanter sa gloire
A nous, à noz enfans, et ceux qui naistront d'eulx.

CLXXXIX.

Cependant (Pelletier) que dessus ton Euclide
Tu monstres ce qu'en vain ont tant cherché les vieux,
Et qu'en despit du vice, et du siècle envieux,
Tu te guindes au ciel comme un second Alcide :

L'amour de la vertu, ma seule et seure guide,
Comme un cygne nouveau me conduit vers les cieux,
Où en despit d'envie, et du temps vicieux,
Je rempliz d'un beau nom ce grand espace vide.

Je voulois, comme toy, les vers abandonner,
Pour à plus hault labeur plus sage m'addonner :
Mais puis que la vertu à la louer m'appelle,

Je veulx de la vertu les honneurs raconter :
Aveques la vertu je veulx au ciel monter.
Pourrois-je au ciel monter aveques plus haulte aile?

CXC.

Dessous ce grand François, dont le bel astre luit
Au plus beau lieu du ciel, la France fut enceincte
Des lettres et des arts, et d'une troppe saincte
Que depuis sous Henry féconde elle a produict :

Mais elle n'eut plus-tost fait monstre d'un tel fruict,
Et plus tost ce beau part n'eut la lumière atteincte,
Que je ne sçay comment sa clairté fut esteincte,
Et vid en mesme temps et son iour et sa nuict.

Hélicon est tary, Parnasse est une plaine,
Les lauriers sont seichez, et France autrefois pleine
De l'esprit d'Apollon, ne l'est plus que de Mars.

Phœbus s'en fuit de nous, et l'antique ignorance
Sous la faveur de Mars retourne encore en France,
Si Pallas ne défend les lettres et les arts.

CXCI.

Sire, celuy qui est, a formé toute essence
De ce qui n'estoit rien. C'est l'œuvre du Seigneur :
Aussi tout honneur doit fléchir à son honneur,
Et tout autre pouvoir céder à sa puissance.

On voit beaucoup de Roys, qui sont grands d'appa-
　　　　　　　　　　　　　　　　　　[rence :
Mais nul, tant soit il grand, n'aura jamais tant
　　　　　　　　　　　　　　　　　　[d'heur
De pouvoir à la vostre égaler sa grandeur :
Car rien n'est après Dieu si grand qu'un Roy de
　　　　　　　　　　　　　　　　　　[France.

Puis donc que Dieu peult tout, et ne se trouve lieu
Lequel ne soit encloz sous le pouvoir de Dieu,
Vous, de qui la grandeur de Dieu seul est enclose,

Élargissez encor sur moy vostre pouvoir,
Sur moy, qui ne suis rien : à fin de faire voir
Que de rien un grand Roy peult faire quelque chose.

TABLE DES MATIÈRES

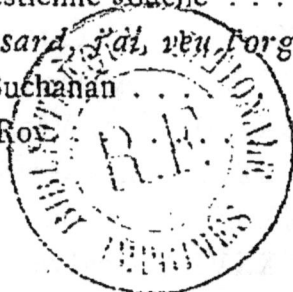

www.ingramcontent.com/pod-product-compliance
Lightning Source LLC
Chambersburg PA
CBHW052359090426
42739CB00011B/2442